Pierre Cauchon
Juge de Jeanne d'Arc

PIERRE CAUCHON

JUGE DE JEANNE D'ARC

PIERRE CAUCHON

Évêque et comte de Beauvais (1420-1429), mort évêque de Lisieux (1442).
Tombeau placé autrefois dans l'ancienne cathédrale de Lisieux (Collection Gaignières.)

ALBERT SARRAZIN

Ancien Bâtonnier de l'Ordre des Avocats de Rouen.

PIERRE CAUCHON

JUGE DE JEANNE D'ARC

REIMS. — PARIS. — BEAUVAIS. — ROUEN. — LISIEUX

PARIS

H. CHAMPION, Libraire-Éditeur

9, quai Voltaire.

—

1901

PIERRE CAUCHON

JUGE DE JEANNE D'ARC

CHAPITRE PREMIER

Les Origines de Pierre Cauchon. — Reims. — Paris. — Armagnacs et Bourguignons. — Invasion des Anglais.

§ 1. — PRÉLIMINAIRES

Armoiries de la ville de Reims,
XVe siècle.
(D'après une sculpture du Musée de Reims).

Lorsqu'on parcourt les pages si tristes et finalement si glorieuses de notre histoire nationale pendant la guerre de Cent Ans, on rencontre peu de personnages dont la mémoire soit restée aussi lourdement chargée que celle de Pierre Cauchon, le sinistre évêque de Beauvais qui organisa, pour le compte des Anglais, le procès de foi dont l'issue devait être la condamnation à mort de Jeanne d'Arc.

Le nom seul de ce Français, traître à son pays, a soulevé comme un long cri de réprobation à travers les siècles, et son œuvre a été

6

l'objet de toutes les flétrissures. Il n'est pas un enfant
de nos écoles de France qui ne prononce ce nom avec
un vif sentiment de répulsion, depuis que l'histoire
populaire de notre héroïne nationale a pénétré jusque
dans les moindres hameaux.

Ce serait un recueil curieux que celui des épithètes
violentes, des qualificatifs méprisants dont Pierre Cauchon a été accablé par les centaines, les milliers d'écrivains qui ont disserté sur le sombre drame du moyen
âge dont il fut l'un des principaux instigateurs, et dans
lequel il a assumé la plus grande responsabilité.

Pourtant, il y a certainement une part d'exagération
et une part de vérité à faire, dans les causes de l'anathème que les générations successives ont lancé contre
cet évêque, fin diplomate et homme politique con-
sommé.

L'exagération est due, tant à la vivacité du sentiment patriotique, qu'à une connaissance insuffisante de
la législation et des usages en vigueur au xve siècle.
Nous apprécions trop souvent des actes et des évènements accomplis en période presque barbare encore, à
l'aurore de la Renaissance, et bien avant que l'unité
nationale n'eût été réalisée, avec les idées de notre
civilisation actuelle, et sans tenir compte suffisamment
du travail gigantesque accompli depuis près de cinq
siècles !

Entre l'opinion qu'ont hasardée quelques-uns —
et ce ne sont pas les moins érudits, — que Pierre
Cauchon n'a pas cru commettre une mauvaise action
en condamnant la Pucelle ; et les violences de ceux qui

généralisent leurs diatribes de parti pris, en formulant de faciles réquisitoires, il semble qu'il y ait place à une appréciation moins passionnée et plus exacte des faits.

La part de vérité, malheureusement trop large, qu'il faut retenir en ce qui concerne le procès de Jeanne d'Arc présidé par Cauchon, réside dans la constatation des irrégularités et des manœuvres déloyales qui le constituent en faute grave, même avec les lois de l'époque, et avec les règles immuables de la conscience.

Dans le cours de ce travail, je m'efforcerai de dégager soigneusement l'erreur de la vérité, afin de n'offrir au lecteur que des données exactes dans l'étude de cette page d'histoire si propre à exercer la perspicacité de l'historien et de l'érudit.

D'où venait donc cet évêque, ce politicien si tristement célèbre par le crime de lèse-patrie qu'il accomplit en 1431 ; quelles circonstances l'avaient amené à se faire le docile et redoutable instrument de la haine des Anglais envers la Pucelle ; quel fut exactement son rôle dans le procès de Rouen que quelques-uns ont cru pouvoir appeler un *assassinat juridique;* que devint-il après le supplice de sa victime, et quelle opinion ont ensuite exprimée sur son compte, les prélats et consultants ecclésiastiques renommés qui réhabilitèrent la mémoire de Jeanne d'Arc en 1456?

Ce sont autant de questions qui m'ont paru devoir intéresser tous ceux, si nombreux de nos jours, que passionne l'histoire de la libératrice du territoire au XV⁵ siècle.

Je chercherai à les élucider à l'aide des découvertes

8

de la critique moderne et de recherches personnelles,
en joignant à ces simples notes les documents archéolo-
giques susceptibles d'expliquer et de corroborer les
leçons de l'histoire, en les mettant à la portée de tous.

J'essaierai ainsi d'esquisser la biographie exacte de
ce personnage qui fut avant tout un agent politique
ayant opté pour le parti qui lui semblait le plus à même
de favoriser ses projets ambitieux. Nous constate-
rons, chemin faisant, que les grands dignitaires ecclésiastiques, souvent seigneurs au *temporel*, comme au
spirituel, forcément mêlés aux affaires publiques, n'hé-
sitaient pas alors à cumuler les devoirs de leurs charges
et de leur ministère avec les fonctions officielles et ré-
tribuées que leur confiait le gouvernement qu'ils ser-
vaient et qui usait de leur influence.

S'il faut relever à la charge de Pierre Cauchon des
faits graves — que nous retiendrons avec l'unique souci
de la vérité, — et la preuve évidente de la partialité
dont il usa dans la conduite du procès de la Pucelle, la
physionomie trop souvent odieuse du juge, n'en rendra
que plus sympathique, plus noble et plus touchante,
celle de son infortunée victime. Elle mettra heureusement en relief, d'un autre côté, l'attitude des prélats
français qui protestèrent contre l'iniquité commise par
l'un des leurs, et annulèrent plus tard la sentence qui
avait condamné la vierge-martyre.

§ 2. — LES ORIGINES DE PIERRE CAUCHON. — REIMS.

Pierre Cauchon (1) naquit à Reims, ou aux environs de cette ville, vers 1371 (2).

Une certaine obscurité règne encore sur ses origines, et malgré l'aridité d'un pareil sujet, je ne puis me dispenser de résumer les controverses auxquelles cette question a donné lieu dans le monde des érudits.

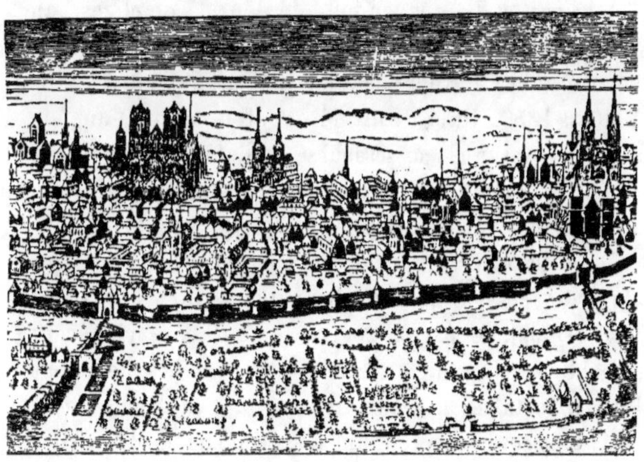

Vue ancienne de la ville de Reims.

Dom Marlot, historien de Reims, à l'article des *Vidames de Reims*, dit qu'il était compatriote de Gerson, et par suite, qu'il n'était nullement Rémois, mais cette opinion a été justement écartée.

(1) *Petrus Calceonus*. Louvet, *Antiquités de Beauvais*, t. II, p. 564.

(2) Lorsqu'il fut nommé chanoine de Reims, en 1409, il était âgé de trente-huit ans (Note communiquée par M. le chanoine Cerf, aujourd'hui décédé, d'après les archives de Reims).

On a soutenu également qu'il était fils d'un pauvre vigneron des environs de la cité rémoise (1).

Enfin, la plupart des historiens le font naître à Reims, et le rattachent à une famille noble de ce nom, qu'on trouve établie et honorablement connue dans cette ville dès 1278 (2).

On a prétendu que cette famille des Cauchou tirait ses origines de la Normandie, et qu'après le supplice des Templiers et la conversion de leurs complices, un Jacques Cauchon, de l'élection de Beaumont (3), serait venu s'établir à Reims comme orfèvre et changeur, de 1340 à 1350. Puis, a dit M. Bouton, « les Cauchon seraient devenus possesseurs de fiefs importants de Versenay à Sillery, et se seraient fait licencier en droit pour se faire ouvrir toutes les portes » (4).

Dans cette version, Pierre Cauchon serait donc issu d'une de ces vieilles familles qui, voyant l'ancienne noblesse ruinée par la guerre de Cent Ans, achetèrent des charges de judicature, des terres et des fiefs dont les propriétaires avaient disparu dans la défense de la patrie, et commencèrent une nouvelle couche d'anoblis.

(1) M. de Barthélemy et le chanoine La Court pensent que Pierre Cauchon n'était pas Rémois. — D'après un contemporain cité par Quicherat (*Procès*, t. IV, p. 140), il était « natif d'autour de Reims ». — Jean Juvénal des Ursins, le dit fils d'un vigneron de la Champagne.

(2) Parmi ces historiens, il faut citer : le P. Anselme, de Sainte-Marthe, Caumartin, les PP. Brice et Bessin, de Beaurepaire, H. Fisquet, le chanoine Cerf (Notice sur Pierre Cauchon, lue à l'Académie nationale de Reims, en 1898); enfin, en dernier lieu, Denifle et Châtelain : *Auctarium Chartularii universitatis parisiensis*, t. I, p. 935, note 1.

(3) Beaumont-en-Auge.

(4) V. Bouton, *Pierre Cauchon...*, pp. 4 et 15.

Jacques Cauchon figure dans les archives de Reims comme échevin, en 1341 et en 1357, avec la qualification : « orfèvre » (1).

Il eut pour fils Remy Cauchon auquel il fit donner une brillante instruction. Remy devint licencié en droit, et fut anobli en 1393 par le roi Charles VI.

Les armes de cette famille furent *de gueules au griffon d'or pour la brisure* (2).

De son mariage, Remy Cauchon aurait eu trois fils et une fille : *Jean*, à qui échurent les domaines de Gueux, de Landres et de Sillery (3) ; *Pierre*, qui entra

Armes des Cauchon
de Reims.

(1) Varin, *Archiv. admin. de la ville de Reims*, t. III, p. 248.

(2) Ces armoiries ont été reproduites dans *Jeanne d'Arc à Reims*, par H. Jadart.

(3) Jean Cauchon, dit Cauchonnet, seigneur de Sillery, dont il fit hommage en 1424, et dont il habitait la maison forte, fut marié à Marie de Thuizy (*Sillery*, par l'abbé Péchenart, p. 31). — Les annales de Reims font un grand éloge de ce Jean Cauchon auquel on attribue en partie la délivrance du joug des Anglais (*Armorial des Lieutenants des habitants de Reims*, par M. Ch. Givelet). — Comp. Généalogie des Cauchon (ms. fr. 20.242, Bib. nat.). On y lit également que Remy Cauchon, escuyer, eut trois fils

12

dans les ordres ; *Jacques*, qui eut en partage le domaine de Versenay ; et *Jeanne* (1).

M. Ed. de Barthélemy ne donne à Remy Cauchon que deux fils : *Jean* et *Jacques*, et une fille mariée trois fois.

Certains historiens ont pensé, au contraire, que Remy Cauchon aurait eu d'autres enfants. Ainsi, M. l'abbé Delettre (2) dit « qu'à la métropole de Reims, il y avait un chanoine de Reims nommé Charles Cauchon, chargé par le Chapitre de la garde de la Porte-Mars. Charles Cauchon figure, en effet, en 1431, sur la liste des Prébendes ». Le même historien parle encore d'un Jean Cauchon, frère de Pierre Cauchon, nommé par lui chanoine de Beauvais, et pour lequel il fonda deux obits dans l'église de Beauvais, où il était enterré (3). Il s'agit peut-être du même Jean qui fut chanoine de Reims en 1413.

Cette filiation, que j'indique sommairement, et qui rattacherait Pierre Cauchon à la noble famille rémoise, a été vivement contestée dans ces dernières années.

Des érudits fort autorisés ont critiqué l'opinion du généalogiste d'Hozier, et surtout les assertions « quelque peu fantaisistes » de M. Bouton.

et une fille : « Jean Cauchon ; Pierre Cauchon, évesque de Beauvais ; Jacques Cauchon qui a laissé lignée, Jeanne Cauchon ».

(1) D'après l'abbé Fesch (*Martyre* de Jeanne d'Arc), Jeanne aurait épousé en premières noces Raoul Duremont, Normand anobli, et aurait eu un fils, Gilles (sans doute Gilles de Duremont qui figura parmi les juges de la Pucelle), élevé par Pierre Cauchon.

(2) *Histoire du Diocèse de Beauvais*.

(3) Le chanoine Cerf, *loc. cit.* — Ce fut en 1442 que P. Cauchon fonda un obit pour son frère. — Voir p. 232.

L'existence constatée avec certitude d'une famille Cauchon à Reims dès la fin du xiiie siècle (1278), ôterait toute vraisemblance à l'hypothèse d'un Anglais ou Anglo-Normand, ancêtre de Cauchon, qui aurait émigré de la Normandie au commencement du xive siècle (1). D'après M. de Marsy, il faudrait, de même, écarter l'opinion de d'Hozier qui, séduit par la similitude de nom, et désireux de donner quelque illustration à son personnage, « présente un peu légèrement l'évêque de Beauvais comme le deuxième fils de Remy Cauchon, lequel aurait eu trois fils : Jacques, Pierre et Jean » (2).

MM. Ed. de Barthélemy (3) et de Marsy ont soutenu que Pierre Cauchon ne pouvait appartenir à cette famille noble de Reims.

(1) V. Bouton. *Pierre Cauchon*, etc., p. 7. — Sur le point de savoir si Jacques Cauchon était réellement Normand, voir l'*Intermédiaire des Chercheurs*, t. III, pp. 89-90, et p. 711. — Les Cauchon avaient certainement des rapports avec cette partie de la France, dit M. le chanoine Cerf, puisque Jeanne, fille de Remy Cauchon avait épousé en premières noces un Normand.

(2) « Dès 1301, dit M. de Marsy, les noms de Jean, Remi, Girard ou Gérard, avaient figuré sur les listes des échevins de Reims ; si Pierre Cauchon avait fait partie de cette famille déjà notoirement connue, ses biographes n'auraient pas hésité à le rappeler, et nous ne verrions pas son successeur au siège de Beauvais, Juvénal des Ursins, le dire de naissance obscure et fils d'un vigneron des environs de Reims ». *Ibid.*, p. 7. — Voir aussi : De Marsy, *Pierre Cauchon, évêque de Beauvais,* 1890, p. 6.

(3) Auteur d'une excellente notice sur la famille Cauchon insérée dans la *Revue nobiliaire et d'Archéologie héraldique*, 1883, p. 216. Il s'appuie sur les notes du chanoine La Court sur dom Marlot qui déclare sans hésitation que Pierre Cauchon « n'était pas des Cauchon de Reims ».

14

Ils relèvent, à l'appui de leur thèse, que les chroniqueurs contemporains ne font aucun rapprochement de parenté entre l'évêque de Beauvais et les Cauchon dont plusieurs avaient été échevins, et dont l'un fut même, de 1422 à 1423, et de 1440 à 1449, lieutenant des habitants de Reims. « Les annales de Reims, dit M. Ch. Givelet (1), attribuent à Jean Cauchon, qui aurait été le frère de l'évêque, une part dans la délivrance de la ville du joug des Anglais, et il aurait été nommé capitaine de cette ville, si ses ennemis ne

Armes de Pierre Cauchon.

s'étaient pas prévalu de sa modestie pour le noircir dans l'esprit du souverain. Ils ne purent d'ailleurs jamais parvenir à entamer sa réputation, et les Rémois se rendirent garants de son innocence auprès de Charles VII ». Or, si Jean Cauchon avait été effective-

(1) *Armorial des Lieutenants des habitants de Reims*, 1878, in-8°.

ment frère de l'évêque de Beauvais, ses adversaires n'auraient pas manqué de se faire une arme contre lui d'une parenté aussi compromettante.

Ajoutons encore, avec ces auteurs, que les emblèmes héraldiques si utiles à consulter pour distinguer les familles du moyen âge, démontreraient que Pierre Cauchon était étranger à la riche famille rémoise. Tandis, en effet, que celle-ci portait de *gueules au griffon d'or ailé d'argent* (1), l'évêque portait à *fasce d'argent* accompagné de trois coquilles d'or (2).

Ces armes sont celles que donnent, non seulement une chasuble longtemps conservée à la Cathédrale de Beauvais, mais d'autres documents contemporains. On les retrouve gravées dans les sceaux des chartes ou sculptées dans la pierre des basiliques. Elles sont reproduites dans la chapelle de la Vierge que Cauchon fit construire à Lisieux, comme complément de sa cathédrale (3), vers 1441. On les rencontre également dans plusieurs parties de l'ancien évêché et de la cathédrale de Beauvais. Ces armes lui étaient attribuées aussi par Sainte-Marthe dans le *Gallia Christiana*, par Pillet, dans l'*Histoire de Gerberoy*, et par d'autres écrivains antérieurs aux généalogistes maladroits qui imaginèrent, au XVIIe et XVIIIe siècle, de joindre à la généa-

(1) Armoiries qu'on est surpris de voir l'abbé Delettre attribuer à Pierre Cauchon dans son *Histoire ecclésiastique du diocèse de Beauvais.*

(2) Pour expliquer cette différence, on a dit, mais sans preuve à l'appui, que Pierre Cauchon aurait changé ses armes quand il devint évêque de Beauvais.

(3) Voir plus loin, pp. 16 et 219.

logie des Cauchon de Sommièvres ou autres le nom de
ce prélat dont la triste renommée ne pouvait pourtant
guère rehausser ces familles (1).

Devant ces arguments, on serait tenté de s'arrêter à
l'affirmation de Juvénal des Ursins qui succéda directement à Pierre Cauchon sur le siège de Beauvais, et
qui loin de le rattacher aux riches Cauchon de Reims

Ecusson de Pierre Cauchon dans la chapelle de la Vierge
de l'ancienne cathédrale de Lisieux.

dit au contraire qu'il était « *de naissance obscure,
et fils d'un vigneron des environs de Reims.*

(1) D'après **M.** de Formeville, « la famille de ce prélat portait le surnom de Lhéry. On cite, dit-il, plusieurs personnages de ce nom qui prou-
veraient qu'elle a été fort illustre ; elle peut l'être encore, si messire
François-Louis-Claude de Cauchon, marquis de Lhéry, mort en son château de Brin ou Brai, en Champagne, le 10 juillet 1751, était, comme je

J'ajoute que M. Vallet de Viriville, dans son *Histoire de Charles VII* (1), semble avoir ratifié cette opinion avec l'autorité de son érudition.

Par contre, M. de Beaurepaire, le savant archiviste de la Seine-Inférieure, a établi, avec sa méthode impeccable, et documents à l'appui, les liens de parenté qui existaient entre Pierre Cauchon et Jeanne Cauchon.

Cette dernière, sœur de l'évêque, eut, de son mariage avec Jean Bidault, un fils, Jean Bidault, qui fut reçu chanoine de Rouen en remplacement de Midy, le prédicateur du Vieux-Marché (14 août 1439), et une fille, Guillemette, qui épousa Jean de Rinel, secrétaire du roi Henri VI.

Ce Jean de Rinel fut chargé de plusieurs missions importantes pour les Anglais dont le gouvernement lui octroya des terres à Sommervieu, et des domaines en Angleterre. Son intimité avec Pierre Cauchon est clai-

le pense, de la même famille ». *Histoire de l'ancien évêché-comté de Lisieux*, t. II, p. 172.

(1) T. I, p. 369. — Il admet que Jean Cauchon fût parent de l'évêque de Beauvais, mais il semble bien contester que ce dernier appartint à la famille noble des Cauchon de Reims. Il rapporte, en effet, qu'à Reims, Guillaume Prieuse, supérieur des Carmes, se vit dénoncé comme suspect de s'être montré favorable au dauphin. Traduit devant Jean Cauchon, lieutenant du capitaine de Reims, il soutint ses opinions avec fermeté. Jamais roi anglais, dit-il, n'a régné en France, jamais l'Anglais ne règnera ! M. Vallet de Viriville ajoute, en note : « Pierre Cauchon dont la main et le nom se montre ici, était du pays de Reims. Il employa son crédit *en faveur de ses parents, jusque-là pauvres et obscurs*. Nous trouvons en 1423, dans un mémorial de la Chambre des Comptes, l'admission de ce Jean Cauchon, nommé récemment maitre sergent des bois des montagnes de Reims et de la forêt d'Epernay ».

ment établie (1). C'est de lui notamment qu'il accepta
la mission d'aller chercher, à Paris, les membres de
l'Université qui devaient prendre part au procès de la
Pucelle (2).

Pierre Cauchon laissa donc pour *héritiers* son neveu,
Jean Bidault, et sa nièce Jeanne Bidault, mariée à Jean
de Rinel. Les descendants de cette dernière soutinrent
même, trente ans plus tard, un long procès, à l'occasion de la succession de leur grand oncle (3).

Ces constatations sont importantes, et on conçoit que
le docte paléographe n'ait pas hésité à croire que
Pierre Cauchon se rattachait ainsi à la noble famille
de Reims (4).

Si, en effet, Jeanne Cauchon, qui épousa Jean
Bidault, était bien la fille de Remy Cauchon, l'anobli
de Reims, la question n'est pas douteuse et la conclusion s'impose. Mais ce point reste à fixer.

M. le chanoine Cerf, auteur d'une étude récente sur
l'évêque de Beauvais, a pris acte des recherches de
M. de Beaurepaire, et a tenté de concilier ainsi la diver-
gence des opinions que je viens de résumer : « Le père
de Pierre Cauchon résidait réellement à Reims, mais

1) Il occupait à Rouen deux maisons somptueuses, voisines de l'hôtel
de Nicolas Loyseleur et de la maison de Mᵉ Jean Rubé, curé de Saint-
Nicolas, qui donna l'hospitalité à Pierre Cauchon pendant la durée du
procès de la Pucelle.

(2) Quicherat, *Procès*, t. III, p. 57. Jean de Rinel mourut en 1449, et
fut enterré dans la chapelle du Saint-Esprit, en la cathédrale de Rouen.

3) De Beaurepaire, *Notes sur les juges et assesseurs...*, p. 21 et
suiv. — Voir plus loin, p. 480.

4 *Ibid.*, p. 12.

comme il possédait, à la campagne, des vignes et une
maison seigneuriale dans laquelle put naître son fils,
les historiens se crurent autorisés à dire que Pierre
Cauchon était né d'un père vigneron, auprès de Reims,
voire même à Sillery ou à Verzenay » (1).

Cette explication ingénieuse pourrait, à la rigueur,
être considérée comme la solution du problème, s'il ne
subsistait un doute résultant de l'inexactitude possible
de la filiation de Jeanne Cauchon, fille de Remy Cauchon, ou plutôt, de l'identité de cette dernière avec
l'épouse de Jean Bidault (2).

Quoi qu'il en soit, et s'il était vrai que Pierre
Cauchon ne descendît pas de la noble famille rémoise,
il n'en aurait eu que plus de mérite à sortir si rapidement de l'obscurité de sa naissance.

On s'expliquerait facilement, dans cette hypothèse,
que le jeune ambitieux, servi par une intelligence
supérieure, peu scrupuleux, et tourmenté du désir de
parvenir aux honneurs, se soit prêté à toutes les combinaisons, à toutes les complaisances et même, quel-
quefois, à de véritables capitulations de conscience
susceptibles de le conduire à une fortune politique
rapide.

(1) Communication précitée faite à l'Académie nationale de Reims
en 1898. — L'auteur ajoute que Remy Cauchon était devenu seigneur de
Sommièvre, ce qui explique « pourquoi Pierre Cauchon porta dans la
suite ce titre qu'il tenait de son père ».

(2) Voir sur ce point une généalogie des Cauchon de Reims dans le
ms. fr. 20242, déjà cité, de la Bibliothèque nationale.

§ 3. — PARIS.

Pierre Cauchon fit ses études en l'Université de Paris.

Successivement clerc, licencié en droit canon, maître ès arts et docteur en théologie de cette Université, il devint rapidement « *un grand et solennel clerc* (1) ».

Praticien très estimé en matière de droit, il est reconnu par les chroniqueurs contemporains, comme l'un des plus savants docteurs de son temps.

Sceau de l'Université de Paris
(Arch. nat., n° 8017).

Ce fut, en outre, dit Quicherat, « un homme politique très considérable dont la fortune, commencée par

(1) Il figure comme licencié en décret en 1398.

la faveur des Cabochiens, s'accrut ensuite par la confiance illimitée de la famille de Lancastre ».

Avant de tout sacrifier à la politique, comme on dirait de nos jours, il avait conquis une grande situation en l'Université de Paris, qui l'appela aux fonctions de recteur dès 1403 (1). Il ne tarda pas à user de son influence pour favoriser le parti qui avait ses préférences. Aussi, à partir de cette époque, nous le verrons occuper des postes honorifiques qu'il dut aux factions au service desquelles il mit son savoir et son intelligence.

Il eut l'occasion de faire rapidement l'apprentissage des missions diplomatiques où il devait exceller plus tard.

(1) En 1403. il était étudiant de sixième année en théologie, cherchant à obtenir un bénéfice auprès du chapitre de Reims, quoi qu'il cumulât déjà un canonicat et une prébende dans l'église de Châlons, avec la cure de l'église paroissiale d'Egriselles. au diocèse de Sens. (*Chartul. Univer.*, IV, p. 84. Voir aussi *Le Procès de Jeanne d'Arc et l'Université de Paris*, Mém. de la Soc. de l'Hist. de Paris, 1897, p. 16). Les mêmes auteurs du Cartulaire de l'Université de Paris lui consacrent cette courte notice : « Fuit nat. gallie (Remens.) et licent. in decret (janv. an. 1398. Vid. arch. nat. Paris. J. 567, n° 199) de quo pluries supra (p. 745, note 1). An. 1403 etiam in sexto anno scholaris in theologia fuit. — An. 1420, aug. 21, cum esset canonicus belvac. et licent. in decretis. electus est in episcop. Belvacens.; an. 1430, Feb. 13 translatus ad sedem Lexoviensem (arch. vat., arm. xii, p. 132, 248). Famam tristem adeptus est in processu coutra Jeanne d'Arc. » Denifle et Chatelain, *Auctarium Chartularii universitatis parisiensis. Liber procuratorum nationis anglicanæ*, t. 1, p. 935. — En 1406, il est fait mention de M° Pierre Cauchon à l'occasion du paiement de sommes dues pour réparations faites à la maison *A la Corne de cerf* qui appartenait à la nation d'Angleterre. Plus tard, il fut choisi comme arbitre pour trancher les difficultés qui s'élevèrent sur ce règlement.

C'est ainsi que la renommée qu'il avait acquise et la confiance qu'on avait dans ses talents, le firent désigner, en 1407, au nombre des ambassadeurs chargés de mettre fin au grand schisme qui désolait la chrétienté.

Il n'est pas sans intérêt de suivre rapidement le futur évêque de Beauvais, au cours de cette mission importante qui nous révélera les maux qui affligeaient alors l'Église et le désordre qui régnait dans son gouvernement, partagé entre les deux papes qui résidaient à Rome et à Avignon.

Pendant que Grégoire XII (Angelo Corrario) élu après la mort d'Innocent VII (1406), siégeait à Rome; Benoit XIII, dit l'antipape (Pierre de Lune), élu par les cardinaux, résidant à Avignon, après la mort de l'antipape Clément VII (1394), perpétuait en France le grave conflit qui durait depuis tant d'années.

Grégoire XII avait bien signé un acte par lequel il s'engageait éventuellement à abdiquer en même temps que Benoit, afin de faciliter l'extinction d'un dualisme qui était un scandale pour les fidèles, mais il ne paraissait pas pressé de donner cet exemple de désintéressement.

Quant à l'antipape d'Avignon, Benoit XIII, il avait lui-même promis, avant son élection, de déposer la tiare si cet acte était nécessaire pour mettre fin au schisme, mais il ajournait toujours l'accomplissement de cette promesse.

Charles VI qui avait facilité son élection résolut,

d'accord avec l'Université de Paris, de le mettre en demeure de s'exécuter.

Une ambassade solennelle fut envoyée par le roi et par l'Eglise gallicane aux deux prétendus papes. On choisit, dit le *Religieux de Saint-Denis* (1), certains personnages de savoir et d'expérience, chargés d'aller s'enquérir des intentions des deux prétendants. A cet effet, on convint de lever la moitié de la dîme sur les églises de France, afin d'attribuer aux évêques dix écus d'or pour leurs dépenses journalières, six aux abbés et trois aux docteurs.

Pierre Cauchon, qualifié alors « licencié en droit canon », fut au nombre des principaux ambassadeurs, avec les abbés et évêques les plus considérables du royaume.

On leur remit des instructions scellées du sceau royal, qui sont remarquables par leur précision, et démontrent que le roi de France était bien décidé à mettre fin au schisme par les moyens les plus énergiques.

Je ne puis suivre ici les diplomates français dans leurs voyages par terre et par mer. On peut lire dans la *Chronique du Religieux de Saint-Denis*, le récit des tentatives réitérées, faites dans un but de conciliation, les discours prononcés dans de nombreuses conférences, les moyens habiles employés par les deux prétendants, et l'insuccès final de la mission.

On sait combien Charles VI se montra irrité du refus

____

(1) *Chronique du Religieux de Saint-Denis*, t. 3, p. 513.

24

du prétendant d'Avignon. Sans plus m'étendre sur ce grave conflit dont Pierre Cauchon connut toutes les phases, je rappellerai brièvement que le roi de France

Monnaie de Benoit XIII, dit « l'antipape d'Avignon ».

dut convoquer un concile national dans lequel il fut décidé qu'on ne reconnaîtrait plus Benoit comme pape. Cet exemple fut bientôt suivi dans toute l'Europe, et l'antipape chassé d'Avignon fut contraint de se réfugier dans la petite ville de Château-Raynaud.

La participation que prit Pierre Cauchon, au nom de l'Université de Paris, aux importantes négociations suivies pour l'extinction du schisme, démontre qu'il jouissait déjà d'une grande notoriété et de l'estime de ses confrères.

Il était signalé, très avantageusement, dès lors, pour les futures missions diplomatiques dans lesquelles nous le verrons jouer un rôle plus actif et souvent même prépondérant.

Le 6 février 1409, il fut, dit-on, nommé chanoine de l'Église de Reims, *auctoritate apostolicâ*, et occupa la 18ᵉ prébende (1). D'après M. le chanoine

(1) Voir Weyen. *Dignitates Ecclesiæ metrop. Remensis:* ms. in-fᵒ, Bib. de la ville de Reims : « *Prebenda* 18ᵃ *Petrus Cauchon, Auth.*

Cerf, il était alors âgé de trente-huit ans. Il obtint bientôt un autre canonicat à Beauvais (1), ce qui était contraire aux lois de l'Eglise.

Le 21 octobre 1410, Pierre Cauchon fut appelé à remplir les fonctions de *vidame* (2) de l'église de Reims qu'il conserva pendant dix années. Il ne devait quitter qu'en 1420 le chapitre de cette église où il fut remplacé par Robert de Saulx (*de Salione*) (3). Dès cette époque, il se distinguait par la violence de ses opinions. En 1411, dit M. de Beaurepaire, on le trouve à la tête du parti exalté qui s'était formé à Paris parmi les universitaires, et que le duc de Bourgogne, Jean-

Apost. 6 februarii 1409. *Fuit doctor im theologia. Fuit Vice-Dominus Ecclesiæ Remensis,* 21 *aprilis* 1410. *Factus est episcopus Bellovacensis,* 1420, *et postea Lexovensis,* 1432. *Obiit mense Oct.* 1444. *De isto vide Sanmarthanos,* t. III, p. 402. (Citation de M. le chanoine Cerf qui renvoie également au *Livre des Prébendes,* précieux manuscrit rédigé par René le Comte, chanoine de N.-D. de Reims, conservé à la Bibliothèque de l'archevêché). — On trouve dans un obituaire de Reims, intitulé : « *Catalogus missarum et obituum que a subhebdomadario ad majus altare, vel* (ad altare) *S. Crucis, celebrantur, extractus ex tabella confecta anno* 1583 », mention d'une messe qui était célébrée pour le repos de l'âme de Pierre Cauchon : *Decembre* XIX. *Missa pro P. Cauchon Belvacensi* (Archives legislatives de la ville de Reims, IIe partie, t. I. p. 122).

(1) Ce fut à la mort de Jean Le Grois, et sur la nomination de M. de Savoisy, évêque de Beauvais, alors absent (Godefroy, mss. *Hist. de Beauvais,* p. 1143).

(2) Seigneur au temporel.

(3) Le 9 décembre 1420. — « Un instant, avec quelques historiens, dit M. le chanoine Cerf, j'avais conçu l'espoir que P. Cauchon n'était pas de Reims, et qu'ayant été chanoine de Beauvais, il n'avait pas occupé une stalle, dans le chapitre de Reims. Mes recherches prouvèrent le contraire ». (*Loc. cit.*).

Sans-Peur, cherchait à s'attacher par ses libéralités(1).

Il importe de suivre le futur évêque de Beauvais au milieu des violences engendrées par les querelles des partis et par la guerre civile. Nous comprendrons plus facilement ainsi comment. après avoir servi les Bourguignons, il devint ensuite l'instrument des Anglais qui en firent le *juge de Jeanne d'Arc.*

§ 4. — ARMAGNACS ET BOURGUIGNONS.

On sait dans quel état d'anarchie la France se trouvait alors, par suite de la démence de Charles VI, et de la rivalité des Armagnacs et des Bourguignons. Elle était gravement troublée aussi, je viens de le constater, par le schisme qu'elle avait suscité, depuis que la papauté avait abandonné le palais d'Avignon.

Le duc de Bourgogne, Jean-Sans-Peur, avait fait assassiner le duc d'Orléans, frère de Charles VI (1407). Ce meurtre avait été le point de départ d'une guerre civile acharnée qui favorisait les projets de conquête de l'Angleterre et devait amener plus tard la conclusion de l'infâme traité de Troyes (1420) par lequel Isabeau de Bavière, reniant son fils le Dauphin (depuis Charles VII). livrait notre patrie à ses plus implacables ennemis.

Le parti des *Armagnacs* qui tenait pour le Dauphin encore jeune, et celui des *Bourguignons* qui se récla-

(1) *Notes sur les juges et assesseurs...* p. 12.

mait du roi dément, comme de la reine Isabeau de
Bavière déshonorée par ses débordements, allaient
exposer la France aux plus cruelles épreuves.

En 1410, les *Armagnacs* avaient fait une première
apparition sous les murs de Paris, et avaient reçu du
peuple le surnom que leur a conservé l'histoire.

Sceau du comte d'Armagnac (Arch. nat., no 352).

Cette démonstration avait été suivie de la paix de
Bicêtre, mais, l'année suivante, la lutte avait pris un
caractère plus grave, et l'alliance du duc de Bourgogne
avec les Anglais devenait un présage sinistre des malheurs qui menaçaient la patrie.

Les choses en étaient venues à ce point que les Français du midi étaient plus odieux aux Français du nord,
que les Anglais eux-mêmes.

Dès cette époque, l'armée du duc de Bourgogne était pourvue d'un corps auxiliaire d'Anglais « tous gens de bonne étoffe », au dire de Monstrelet.

Cette armée marcha sur Paris où la corporation des bouchers, qui soutenait le Dauphin, faisait appel ouvertement au parti de Bourgogne.

Pendant que le sire de Gaucourt qui tenait pour le parti d'Armagnac prenait *par eschelles* le pont de Saint-Cloud, Jean-Sans-Peur entrait dans la capitale, le 23 octobre, par la porte Saint-Jacques. Il y fut reçu en grand honneur par les seigneurs et par le peuple qui « faisait très grande joie et criait : Noël ! pour sa venue à tous les carrefours » (1).

Les Anglais qui accompagnaient les Bourguignons et qui fraternisaient avec eux, étaient commandés par le comte d'Arondel qui s'installa au prieuré de Saint-Martin-des-Champs. Ses troupes eurent quelque peine à trouver un abri, et « ne cessèrent de trotter toute la nuit par la ville, car personne ne voulait les loger » (2).

On avait espéré que le duc de Bourgogne ferait la paix, mais les bouchers et leurs alliés n'en voulaient entendre parler, et se livraient à tous les excès. Le roi, informé des « pilleries, roberies, et destruction du peuple » que les Armagnacs faisaient de leur côté devant Paris, confisqua les biens de beaucoup et ordonna, en conseil, des mesures rigoureuses contre les partisans du désordre.

Pierre Cauchon fut désigné au nombre des *réfor-*

(1) Monstrelet.
(2) Juvénal des Ursins.

mateurs chargés d'appliquer rigoureusement ces mesures. On ne pouvait mieux choisir pour accomplir cette besogne. Ce fut, en effet, une justice bien sommaire et bien expéditive qui fut rendue, si nous en jugeons par le récit de Juvénal des Ursins : « En ce temps, dit-il, furent ordonnés réformateurs et commissaires contre ceux qu'on tenait favoriser les Armagnacs, et ne fallait guère faire information, et suffisait de dire : celui-là l'est. Les riches étaient mis à finance par manière de rançon ; mais, la finance payée, on ne leur faisait plus de déplaisir ; ceux qui n'avaient de quoi, on ne savait qu'ils devenaient ».

Le prévôt des marchands et les échevins furent choisis parmi des gens du peuple qui « guère ne valaient,..... feu se boutait ès églises, et y ardait-on souvent hommes, femmes et enfants ».

Au milieu de ces graves désordres et de ces violences réciproques, les Armagnacs avaient appelé à leur secours les Anglais qui avaient répondu favorablement à leur demande (8 mai 1412), et le roi assiégeait Bourges, lorsque la paix d'Auxerre vint suspendre ces luttes fratricides (26 août 1412) (1).

Cette paix ne devait être qu'un simple sursis apporté aux luttes des factions qui déchiraient notre malheureuse patrie.

______

(1) Dans sa relation sur les conférences d'Auxerre, le président Henri de Marle cite parmi les personnages condamnés à l'occasion de ces troubles, *maistre Pierre Cauchon, licencié en décret, et maistre en ars en l'Université de Paris.* (Société de l'Histoire de France. *Choix de pièces inédites relatives au règne de Charles VI,* t. 1, pp. 356 et 357.)

En effet, de notables et dramatiques incidents signalèrent l'année 1413.

Henri IV, roi d'Angleterre, mourut le 20 mars, laissant pour successeur le redoutable Henri V qui allait
bientôt envahir nos provinces.

A Paris, la commune populaire venait d'élever sa
voix dans le conflit. Caboche, avec ses « bouchers, tri-
piers, écorcheurs de bêtes et foison d'autres méchantes
gens », provoqua la fameuse émeute dite des *chaperons
blancs*.

Pierre Cauchon avait été nommé parmi les commissaires chargés de mettre un terme à la dilapidation du
Trésor.

Lorsque cette mesure fut prescrite, le prevôt de Paris,
Pierre des Essards, craignant la haine du peuple,
quitta Paris en compagnie de plusieurs personnages
compromis avec lui.

L'office de prevôt fut conféré à le Borgne de la Heuse.
Ce choix fut accueilli avec faveur par l'Université et
la bourgeoisie de Paris. Les commissaires nommés pour
réformer les abus signalés furent l'évêque de Tournai,
l'abbé du monastère de Saint-Jean, les sires d'Offremont,
de May, de Blaru, et le vidame d'Amiens. On leur
adjoignit l'aumônier et le confesseur du roi, ainsi que
maîtres Gaillard, Petit-Sène et Jean de Lenguenil, de la
Chambre du Parlement, *maître Pierre Cauchon,
membre de l'Université*, et Jean de l'Olive, échevin de
Paris.

Mais bientôt une première émeute éclatait dans la
capitale, *excitée par des misérables*, à l'occasion du

prevôt messire Pierre des Essards (avril 1413) qui fut
arrêté et mis en prison.

Jean Gerson, adversaire du parti de Bourgogne
qui soutenait Pierre Cauchon.

Les séditieux, d'après le conseil de leurs chefs, prirent
des chaperons blancs pour signe de ralliement.

Ces chaperons avaient été imaginés par les Parisiens afin de se distinguer des Armagnacs. Ils « prirent les chaperons blancs », dit Juvénal des Ursins, et « en eurent le roi, monseigneur le Dauphin, les ducs de Berri et de Bourgogne, et ceux du grand Conseil ».

On sait à quels atroces excès se portèrent les Cabocheurs et les partisans de Bourgogne.

Pierre Cauchon avait été des premiers à encourager ce mouvement populaire, et il fut l'un des meneurs de cette troupe d'émeutiers qui, après avoir essayé de s'emparer de la Bastille, se rua sur les hôtels de Guyenne et d'Artois, pénétra dans la chambre même du Dauphin et se saisit de ses officiers (1).

Les Cabochiens s'emparèrent ensuite de Louis de Bavière, frère de la Reine, malgré les supplications de celle-ci, et du Dauphin, mais bientôt l'Université de Paris se sépara du parti avancé et réprouva hautement ces violences.

Les émeutiers tournèrent alors leur fureur contre Jean Gerson « notable docteur en théologie, chancelier de Notre-Dame de Paris, et curé de Saint-Jean-en-Grève, qui avait accoutumé de s'acquitte loyaument » (2).

L'illustre théologien qui devait plus tard, à Poitiers, rendre hommage à la Pucelle, et qui sut rester fidèle à sa patrie, formait déjà, en cette circonstance, un con-

---

(1) De Beaurepaire. *Notes sur les juges et assesseurs*, p. 12. — Voir Alfred Coville, *Les Cabochiens et l'Ordonnance de 1413*.

(2) Juvénal des Ursins.

traste frappant avec Pierre Cauchon, le futur juge de Jeanne d'Arc.

Pendant que le turbulent personnage inféodé à la faction bourguignonne encourageait les émeutiers et excitait les plus violentes passions, Gerson disait, si l'on en croit les chroniqueurs, « que les manières qu'on tenait n'étaient pas bien honnêtes, ni selon Dieu, et le disoit d'un bon amour et affection » (1).

Les séditieux voulurent s'emparer de lui, mais, dit la chronique, « il se mit ès hautes voûtes de Notre-Dame de Paris », et ils ne purent que saccager son hôtel.

Ils demandèrent ensuite au roi et au Grand Conseil un mandement « pour leur décharge et excusance » (2) (24 mai 1413), mais tant d'excès devaient provoquer une réaction.

La fortune des Bourguignons subit bientôt un revirement complet. Les Armagnacs offrirent leurs services au roi, lui remontrant que, « en la ville de Paris, plusieurs choses horribles et detestables se faisaient contre le traité de paix ».

Bientôt les ordonnances cabochiennes étaient annulées et l'hostilité s'accentuait contre les Bourguignons.

Le 2 août suivant éclata une nouvelle sédition suscitée par le jeune Dauphin Louis, duc de Guyenne. La grande boucherie de Paris, asile et citadelle politique de la formidable corporation, fut rasée. L'opinion publique était complètement changée et « tous les greigneurs bourgeois qui par semblant avaient aimé moult

(1) Juvénal des Ursins.
(2) Monstrelet.

34

le duc de Bourgogne..... se tournèrent tellement
contre lui qu'ils eussent mis corps et chevance pour le
détruire lui et les siens ».

Par suite de cette réaction violente, le pouvoir revint
au parti armagnac, et le 29 septembre 1413, le comte
d'Armagnac fit son entrée dans la capitale.

Cette révolution compromit singulièrement la situation de Pierre Cauchon à Paris.

Il devait être nécessairement compris dans les me-

Sceau de Charles VI (Arch. nat., n° 69).

sures de répression qui suivirent le retour de ses adversaires. En effet, le 14 mai 1414, il fut banni de la capitale pour sa participation avérée aux mouvements
séditieux qui viennent d'être très sommairement re-
tracés (1).

(1) Alfred Coville, *Ibid*.

On voit figurer le nom de « maistre Pierre Cauchon »
dans la liste des bannis qui fut arrêtée par le Conseil
royal, et qui porte ce titre : « Les noms de ceulx qui
ont esté banniz au Chastelet de Paris depuis le XIIe jour
de décembre, l'an mil cccc et XII incluz » (1).

Cette ordonnance énumère longuement les attentats
commis par Pierre Cauchon et ses complices qui avaient
pénétré avec insolence dans l'appartement de la reine
et porté une main sacrilège « sur plusieurs dames et
demoiselles, dont plusieurs étaient de sang royal, et
s'etaient fait donner par violence de fausses lettres
scellées du sceau royal, en contraignant ensuite le roi
et le dauphin à les signer de leur propre main, comme
pour approuver tous leurs forfaits..... Injonction
était faite à tous officiers, juges et sujets d'arrêter
ou faire arrêter les malfaiteurs susnommés comme
*traîtres, infâmes, homicides, rebelles, criminels de
lèse-majesté*, et de les envoyer « afin qu'ils fussent
« punis selon leurs démérites et que leur exemple serve
« de leçon aux autres ».

Pierre Cauchon ainsi qualifié, banni et menacé, n'at-
tendit pas l'effet des justes représailles qu'il pouvait
redouter et quitta la capitale. Il se consola facilement
de cette disgrâce, car ce qu'il perdait d'un côté, il le
regagnait amplement de l'autre.

Le duc de Bourgogne, qui lui savait gré du zèle dé-
ployé en sa faveur, l'en récompensa en l'envoyant au

____

(1) « Prononcé le lundi XIIIe jour de may. » — Société de l'Histoire
de France. *Choix de pièces inédites relatives au règne de Charles VII*,
t. I, pp. 357 et 368.

36

Concile de Constance, avec le titre d'ambassadeur
(1415) (1).

Cauchon figure, en effet, parmi les ambassadeurs de
la *nation française* qu'énumère le *Religieux de Saint-
Denis*, avec Simon, abbé de Jumièges et autres, sous ce
titre : « *Pierre Cauchon, ambassadeur du duc de
Bourgogne* ».

Pierre Cauchon était chargé de défendre les doctrines
de Jean Petit (2), cordelier normand, que Montaigu,
l'évêque de Paris, avait condamné pour avoir fait, en
chaire, l'apologie du duc de Bourgogne accusé d'avoir
assassiné le duc d'Orléans, frère de Charles V, roi de
France (3). Les efforts du futur évêque de Beauvais
devaient tendre à éviter la condamnation de l'ouvrage
que Jean Petit avait composé pour justifier le duc de
cet assassinat.

Il prit, en cette circonstance, le titre de licencié en
décret et de vidame de Reims (4). Il se qualifiait, en

(1) Ces lettres royales sont datées de Paris, 18e jour de septembre, l'an
du Seigneur 1413. — « Le duc de Bourgogne en ayant fait son aumônier, c'est à ce titre, auquel s'ajoutait celui de vidame de Reims qu'il
parut en cette assemblée ». — Le P. Ayrolles. *La Pucelle devant l'Eglise*.
p. 116.

(2) « Maître Jean Petit, Normand de nation, professeur en théologie,
plus renommé pour la hardiesse que pour l'élégance de son langage.....
n'avait pas craint de dire que la mort du duc d'Orléans n'était que le
juste châtiment de ses démérites ».

(3) Voir : *Gersonii opera*, édit. d'Ellyes Dupin, t. V, p. 343, 600. —
Le P. Ayrolles. *La Pucelle devant l'Eglise*, p. 116.

(4) M. de Beaurepaire dit: « Le 26 mai 1415, Cauchon prend le titre de
licencié en décret et de vidame de Chartres ». Voir *Notes sur les juges
et assesseurs*..... p. 13, note 2.

outre, aumônier du duc de Bourgogne, son mandant ;
enfin, il assista aussi au Concile, comme chanoine de
Beauvais, en qualité de délégué du Chapitre (1).

Cauchon s'était joint à Jean Pourée, dominicain,
évêque d'Arras, orateur du duc de Bourgogne.

Ils présentèrent, le 16 mai 1415, aux députés de la
nation gallicane, une lettre du duc, en réponse à celle
que les évêques de cette nation lui avaient envoyée par
l'évêque de Saint-Pons et l'abbé du Moutier-Saint-Jean,
en Bourgogne (2).

La réponse du duc contenait, paraît-il, plusieurs
traits piquants. Il tentait de se justifier de l'assassinat
qu'on lui imputait et qu'il avait avoué en France Aussi,
Jean Gerson, chancelier de l'Université de Paris, qu'on
avait chargé de presser la condamnation de l'ouvrage
de Jean Petit, et Pierre de Versailles, bénédictin, docteur en théologie, se crurent obligés de protester contre
cette réponse du duc, et d'en demander justice au
Concile.

L'évêque d'Arras et Pierre Cauchon déclarèrent
alors qu'ils se soumettaient à son autorité et en implo-
raient la justice au nom du duc de Bourgogne, « mais
ils n'en prirent pas moins toutes les mesures pour em-
pêcher, non seulement que le Concile ne prononçât rien
contre la personne et l'ouvrage de Jean Petit, mais
même pour soustraire, s'ils l'avaient pu, l'erreur qu'il
avait avancée, à l'anathème qu'elle méritait et qui fut
prononcé contre elle » (3).

(1) L'abbé Delettre. *Histoire du Diocèse de Beauvais.*
(2) De Formeville. *Ibid.*, p. 173.
(3) De Formeville.

38

On sait que Jean Petit avait avancé cette proposition :
« Qu'il est permis de tuer les tyrans sans formalité de
justice ».

Les Pères du Concile condamnèrent le fougueux cordelier (1), mais Pierre Cauchon, loin de s'incliner, avait
essayé de justifier publiquement le crime de Jean Sans-
Peur et avait osé faire l'éloge de Jean Petit.

Ce nouveau service lui valut, en 1418, la place de
maître des requêtes, et devait le conduire bientôt aux
honneurs de l'épiscopat.

Toutefois, avant d'obtenir le siège de Beauvais, il
accomplit encore plusieurs missions importantes pour
l'Université de Paris.

Il fut, en premier lieu, délégué à Troyes, avec Beaupère — que nous retrouverons plus tard au procès de
la Pucelle, — afin d'offrir aide et conseil à Charles VI.
Puis, on le chargea de négocier auprès de ce monarque
pour obtenir la conservation des privilèges de cette
puissante corporation (2).

§ V. — INVASION DES ANGLAIS.

Pendant que Pierre Cauchon remplissait ces différentes missions, les difficultés s'aggravaient singulièrement à Paris et dans le royaume.

Le duc de Bourgogne qui avait été supplanté, à Paris,

(1) Voir Jadard. *Jeanne d'Arc à Reims*, pp. 4 et 5.

(2) Ch Jourdain. *Index chronologicus chartarum pertinentium ad
historiam Universitatis Parisiensis*, pp. 244, 245.

par les Armagnacs, avait repris les armes pour reconquérir la domination qu'il avait perdue, et ses lieutenants étaient venus escarmoucher jusqu'à la porte Saint-Honoré (1414).

En 1415, Henri V, roi d'Angleterre, avait profité de la division des partis pour envahir la France.

La prise d'Harfleur, qui fermait la mer à Rouen et à Paris ; puis, la funeste bataille d'Azincourt qui décima la vaillante mais imprévoyante noblesse française, avaient signalé les débuts de cette campagne mémorable qui devait anéantir presque complètement notre patrie.

Peu après, les Bourguignons faisaient un retour offensif sur Paris qui était ravagé par la peste (1417).

Il tardait au duc de Bourgogne de reprendre possession de la capitale, mais « ceux-mêmes qui avaient affection pour lui, étaient très mal contents, car ils voyaient les Anglais faire conquestes en la duché de Normandie » (1). Il avait pourtant un certain nombre de partisans parce qu'on « faisait plusieurs et diverses exactions indues par manières d'emprunts, et en autres manières sur les bourgeois ».

Le gouvernement du comte d'Armagnac était livré à une crise des plus graves.

Henri V, roi d'Angleterre, enhardi par ses premiers succès, et trouvant dans le duc de Bourgogne un puissant auxiliaire de ses desseins, refusait de traiter avec les Armagnacs. Force fut donc d'essayer de transiger, à tout prix, avec les Bourguignons.

(1) Juvénal des Ursins.

Vers le commencement d'avril 1418, des plénipotentiaires furent chargés de parlementer, et préparèrent

Henri V, roi de France et d'Angleterre.
(D'après une gravure du temps).

le traité de la Tombe, dont les préliminaires furent
accueillis avec enthousiasme (1).

Parmi les plus influents négociateurs envoyés par la

(1) En 1418, Cauchon, qui était vidame de Reims, et maître des requêtes
du roi, plaidait pour obtenir la prévôté de Lille, vacante par la mort de
Jean de Montreuil. Il l'obtint en 1419. « A cette occasion, l'Université de
Paris supplia le pape d'accorder à Pierre Cauchon la faveur de réunir
divers bénéfices incompatibles, donnant comme raison que « ceux qui ont fait
preuve de courage et de persévérance dans les travaux, les veilles, les
souffrances et les tourments pour le bien de l'Eglise sont dignes aussi

reine et par le duc de Bourgogne, au nombre de seize, figurait Pierre Cauchon qui était, dès lors, un des personnages les plus notables du royaume et qu'on opposait à Regnault de Chartres envoyé avec Robert le Maçon et quatorze ambassadeurs par le roi et le dauphin (1).

Malheureusement le traité de paix que désiraient sincèrement ces derniers, ne put recevoir la sanction royale par l'absence du connétable et l'opposition obstinée du chancelier de France. L'indignation populaire qui éclata alors aboutit au complot de Perrinet Leclerc qui livra Paris aux Bourguignons (28 mai 1418) et à toutes les horreurs de la guerre civile dont on ne peut lire le récit, sans frissonner, dans nos chroniques du XVe siècle.

Les Bourguignons à peine entrés dans la capitale avaient fait crier par les rues « que ceux qui voulaient faire la paix allassent en armes avec eux. Auquel cri furent tantôt grande multitude de peuple, atout lesquels s'en allèrent, comme dit est, envahir et assaillir plusieurs hôtels par ordonnance » (2).

des plus grandes récompenses » (Arch. nat. M 65ᵃ, nᵒ 10). — Cauchon, nous l'avons vu, bénéficiait largement du cumul des charges, car il était alors archidiacre de Chartres, chanoine de Reims, de Chartres, de Châlons, de Beauvais, chapelain de la chapelle des ducs de Bourgogne, à Dijon, bénéficié à Saint-Clair, au diocèse de Bayeux. Ces bénéfices lui rapportaient environ 2,000 livres, lorsqu'il obtint encore l'archidiaconé de Châlons. Enfin, en 1419, il fut référendaire du pape. (Denifle et Châtelain, *le Procès de Jeanne d'Arc et l'Université de Paris*, ibid., p. 16.

(1) Le pape Martin V nouvellement élu, et le duc d'Orléans, prisonnier en Angleterre, étaient également représentés.

(2) Juvénal des Ursins.

Les uns se ruèrent sur l'hôtel du roi dont ils brisèrent les portes, et obtinrent de lui tout ce qu'ils voulurent ; les autres allèrent à l'hôtel du connétable d'Armagnac pour le prendre ; mais il était déjà averti et « s'était sauvé en habit d'inconnu en la maison d'un pauvre homme ».

Tanneguy du Châtel, prévôt des marchands, voyant l'imminence du danger, n'eut que le temps de s'enfuir à l'hôtel du dauphin « lequel enveloppé d'un linceul tant seulement il porta dedans la bastille Saint-Antoine ».

Les troubles continuèrent pendant la nuit. Un grand nombre de seigneurs et de prélats furent faits prisonniers. D'après Monstrelet, « tous les conseillers du roi, de la chambre du parlement, des requêtes et autres bourgeois de Paris de noms tenant la partie du comte d'Armagnac, furent pillés, pris ou occis cruellement ».

Le lendemain, les violences redoublèrent. Le peuple s'était armé et une sanglante mêlée s'établit à l'intérieur de la ville. Le *Bourgeois de Paris*, dans sa chronique, a dépeint l'horrible carnage qui eut lieu et dont plusieurs miniatures des manuscrits de l'époque ont retracé naïvement quelques incidents : « Et n'était nul homme, dit-il, à celui jour, qui ne portât quelque arme dont ils feraient.... depuis qu'ils étaient tous morts étendus, et femmes et enfants, sans puissance, qui ne leur pouvaient pis, les maudissaient en passant par emprès..... et n'eussiez trouvé à Paris rue de nom où n'eût aucune occision..... et étaient en tas comme porcs au milieu de la boue, qui moult grand pitié était ».

« La tuerie d'après l'entrée des Bourguignons à Paris. » Miniature des *Vigilles de Charles VII*. Arch. nat.).

Pierre Cauchon que son ambition rendait constamment complice des violences du parti bourguignon, ne pouvait plus se faire illusion sur les malheurs qui allaient fondre sur la patrie qu'il trahissait.

En effet, pendant que les hordes bourguignonnes se livraient à ces cruelles représailles, les Anglais continuant leur marche en avant, s'emparaient de Rouen après un siège mémorable qui dura plus de six mois (1418-1419), et pendant lequel les Rouennais supportèrent héroïquement les plus dures privations.

La prise de Rouen était un événement de la plus haute importance et causa la plus vive émotion. Cette catastrophe commandait la fin des luttes civiles, car l'audace des envahisseurs révélait le grand péril que courait la patrie.

Malheureusement les Armagnacs qui craignaient de perdre toute leur importance, préparèrent, au nom du Dauphin, le guet-apens du pont de Montereau où ils firent assassiner le duc de Bourgogne.

Ce crime compromit plus gravement que jamais le parti du Dauphin.

Philippe-le-Bon, fils de Jean-Sans-Peur, résolut de venger la mort de son père à l'aide des Anglais. Dans une conférence tenue à Arras, il fixa les bases de la paix qui fut signée à Troyes (21 mai 1420).

Par ce traité odieux, la France était livrée aux Anglais, puisque la reine Isabeau de Bavière dépouillait son propre fils, le Dauphin, et donnait à Henri V, roi d'Angleterre, époux de sa fille, le titre de régent et d'héritier de la couronne de France !

Bientôt le monarque anglais, escorté par le roi dément
et par la perfide Isabeau, fit son entrée solennelle à

Isabeau de Bavière qui livra la France aux Anglais.
(Tombeau de Saint-Denis).

Paris qui devait rester sous la domination étrangère
jusqu'en 1436 (1er décembre 1420).

Pierre Cauchon s'était jeté avec ardeur dans le parti
des nouveaux maîtres de la capitale. Il fut chargé par

46

Henri V de négocier avec le Chapitre de cette ville qui
se montrait hostile à son gouvernement.

Il s'agissait de faire nommer au siège de Paris, devenu
vacant par la mort de Gérard de Montaigu, un prélat
dévoué aux Anglais. C'était Philibert de Montjeu que le
futur juge de Jeanne d'Arc et l'évêque de Worcester
avaient été déjà antérieurement chargés de recom-
mander aux chanoines (1). Ceux-ci, fiers de leurs prérogatives et peu sympathiques aux envahisseurs avaient
d'abord éludé cette demande. Ils étaient, d'ailleurs,
soutenus dans leur résistance par l'Université de Paris.

Henri V leur fit dire que, « s'ils en nommaient un
autre, il ne serait pas bon pour le nouvel évêque de
rester dans son évêché ».

Le Chapitre n'en persista pas moins dans son refus
de céder aux injonctions royales et, sans crainte de
s'exposer à de cruelles représailles, il élut Me Jean
Courtecuisse, aumônier du roi, professeur de théologie,
le plus libéral et le plus gallican des ecclésiastiques
français.

Cette fois, le zèle de Cauchon n'avait pu triompher
de l'antipathie que le Chapitre nourrissait à son égard,
bien qu'il se présentât à lui avec le prestige d'un
évêque.

Ce fut au cours de ces négociations, et à cette
heure si triste de notre histoire, en pleine trahison et

____

(1) Le chapitre de Notre-Dame de Paris pendant la domination anglaise,
par Grassoreille (*Mémoires de la Société de l'Histoire de Paris*, t. IX,
pp. 118, 133, 142). — Archives nationales, LL. 215, p. 290.

en pleine invasion, que Pierre Cauchon fut appelé à l'évêché de Beauvais.

Il devait prendre possession de son siège au moment où ceux-ci, forts de leur alliance et du traité de Troyes, se préparaient à occuper le reste de la Normandie, la Picardie, la Flandre, l'Artois, la Champagne et la Guyenne, ne laissant bientôt au *roi de Bourges* découragé, que le petit pays d'outre-Loire.

On peut donc dire que le séjour de Pierre Cauchon à Beauvais marque l'époque la plus troublée et la plus douloureuse de notre histoire nationale (1420-1429)!

CHAPITRE DEUXIÈME

Pierre Cauchon, évêque de Beauvais (1420-1429). — Il sert avec ardeur les Anglais et devient le protégé d'Henri V et du duc de Bedford. — Missions importantes qu'il remplit jusqu'à l'apparition de la Pucelle (Négociations avec le Chapitre de Paris et avec le pape Martin V: difficultés entre le Chapitre de Rouen et l'archevêque Jean de la Rochetaillée, etc.).

§ 1er. — PIERRE CAUCHON, ÉVÊQUE ET COMTE DE BEAUVAIS (1420-1429).

Grand sceau de Pierre Cauchon, évêque de Beauvais (acte de 1424).

A la fin de l'année 1420, Pierre Cauchon obtint enfin les honneurs de l'épiscopat, et fut appelé au siège de Beauvais.

Il devait cette nouvelle faveur à la protection du duc de Bourgogne.

L'influence de la faction bourgui-gnonne se faisait sentir dans cette ville comme ailleurs, et tout avait été mis en œuvre pour préparer et assurer l'élection du candidat agréable aux partisans du puissant duc.

50

Les circonstances facilitèrent, d'ailleurs, l'accomplissement de ce projet.

Le siège était vacant par la mort de Bernard de Chevenon (1420), et le Chapitre, dont Pierre Cauchon faisait partie, se préparait à élire un nouvel évêque, lorsque nos ennemis y introduisirent une de leurs créatures, Eustache de Laître, afin d'augmenter le nombre de leurs partisans et de faire élire un sujet qui leur fût dévoué (1).

Ils ne l'avaient fait appeler à cette dignité que pour faciliter son élection au siège épiscopal, et ils y avaient réussi à force de démarches, de sollicitations et de menaces. On avait même emprisonné un chanoine qui avait protesté contre les actes de pression dont il avait été témoin.

Eustache de Laître attendait l'expédition de ses bulles pour prendre possession de son évêché, lorsqu'il fut atteint d'une maladie épidémique à laquelle il succomba.

On ne sait pas exactement comment Pierre Cauchon fut appelé à lui succéder.

Peut-être, au lieu d'attendre une nouvelle élection, la faction dominante s'adressa-t-elle directement au pape Martin V. Le registre capitulaire de Beauvais présente une lacune dans les derniers mois de l'année 1420. On y a seulement consigné qu'au mois d'octobre, Nicolas de Pacy requit, en vertu de la procura-

____

(1) *Histoire du diocèse de Beauvais*, par l'abbé Delettre, t. II, p. 548.

tion du nouvel évêque, d'être admis à prendre possession du siège en son nom.

Il est donc probable qu'on avait pris le parti de le

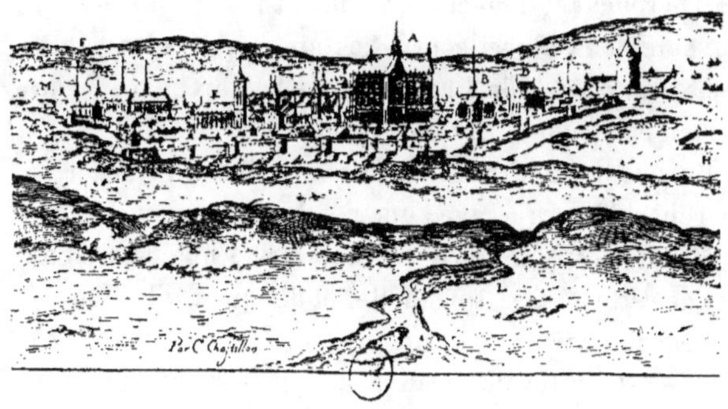

La ville de Beauvais (Plan de Chastillon).

faire nommer directement par l'autorité pontificale, pour éviter toute résistance du Chapitre. En effet, dit l'abbé Delettre, lorsque le fondé de pouvoirs demanda aux chanoines de le mettre en possession, il lui fut répondu d'abord : *Ceci regarde le Métropolitain.*

C'était évidemment un prétexte que prenait le Chapitre pour ne participer en rien à l'avènement du nouvel élu. Il passa outre, néanmoins, après cette platonique manifestation (1).

(1) *Histoire du diocèse de Beauvais*, etc., t. III, p. 3.

Pierre Cauchon parvenu, grâce à ces intrigues, à la haute situation qui faisait de lui l'un des six pairs ecclésiastiques du royaume de France, se prépara sans retard à recevoir la consécration épiscopale et à faire son entrée solennelle à Beauvais.

Le 12 janvier 1421, il arriva aux portes de la ville sur les quatre heures du soir, accompagné de Henri, évêque de Tournay, et de Louis de Luxembourg, évêque de Thérouenne, le même qui devait plus tard négocier la vente de la Pucelle aux Anglais et qui, après avoir assisté au procès de l'héroïne, mourut archevêque de Rouen et évêque d'Ely en Angleterre.

Le duc de Bourgogne avait cru devoir protéger la marche de l'évêque avec une nombreuse escorte.

Monstrelet, au livre Ier de ses Annales, mentionne cette entrée solennelle, et dit que : « le duc de Bourgogne partant de Paris après la feste de Noël, s'en alla en la ville de Beauvais, à la feste et entrée de messire Pierre Cauchon, docteur en théologie, moult enclin et affecté à la partie de Bourgogne ».

Il aurait pu ajouter que ce fut au milieu des hommes d'armes et, pour ainsi dire, avec l'aide de la force armée, que le nouveau pasteur et seigneur temporel se présenta à la population.

Il faut reconnaître que les précautions prises pour assurer la sécurité de l'évêque imposé au peuple de Beauvais n'étaient pas inutiles, car la ville était alors ravagée par la fureur des partis armés les uns contre les autres.

On avait de justes raisons de craindre que les Armagnacs, qui étaient maîtres du château de Bresles, ne vinssent troubler la cérémonie.

Pierre Cauchon ne jugea pas prudent d'imiter ses prédécesseurs en allant passer la nuit à l'abbaye de Saint-Lucien, pour entrer en ville par la porte de l'Hôtel-Dieu. Il descendit à l'église du faubourg Saint-Jacques où les religieux *mendians* vinrent le recevoir.

Il se revêtit d'une aube et alla nu-pieds jusqu'à la barrière où il fut reçu par le corps de ville.

Le maire, Thibaud Legois, lui présenta les clefs de la cité, et lui prêta le serment d'usage. Ensuite, les chanoines arrivèrent, « en chappes de soie par-dessus les fourrures ». L'archiprêtre Quentin d'Estrées, prit la parole et dit : « *Monsieur, vous soyez le très bien venu* » ; après quoi, il requit le serment obligé. L'évêque prêta ce serment, signa sur le livre : † *Petrus, 76*e ; puis fut introduit en la cathédrale suivant le rite usité.

La cérémonie fut froide et glaciale comme la saison, dit l'auteur de l'*Histoire du Diocèse de Beauvais*, et « il n'y eut d'enthousiasme que ce qui était absolument nécessaire pour ne point être taxé d'attachement au parti du Dauphin », ce qui eût été bien dangereux. On le vit bien par l'exemple de Louis de Nesle, doyen du Chapitre qui, n'ayant pas assisté à l'entrée solennelle de l'évêque, vit les revenus de son doyenné saisis et confisqués. De même, le chanoine Guillaume de la Beausse ayant parlé trop librement du duc de Bourgogne à qui il imputait tous les maux de la France, fut appréhendé et jeté en prison par ordre du capitaine de la ville.

On peut juger, par ces exemples, quel devait être

Philippe le Bon. duc de Bourgogne, qui protégea l'entrée de Cauchon à Beauvais (1).
D'après un tableau du temps. (Collection Gaignières.)

l'esprit de la population qui détestait les Bourguignons et qui ne faisait taire ses véritables sentiments que

(1) « Philippe le Bon, duc de Bourgogne, de Brabant, de Lothier, de Luxembourg, de Luisbourg, comte de Flandres, d'Artois, de Bourgogne, Palatin de Haynaut, comte d'Hollande, de Zélande, Namur, Charolois, marquis du Saint Empire, seigneur de Frise, de Salius et de Malines ».
Voir les *Monuments de la Monarchie...*, t. III, p. 260, pl. XLIX.

pour ne point s'exposer à leur vengeance et à leurs vexations.

Le cérémonial d'installation que je viens de résumer démontre que Pierre Cauchon ne fut pas seulement un évêque temporel, comme on a tenté de le soutenir, mais qu'il fut réellement le chef spirituel du diocèse de Beauvais (1). S'il était en même temps vidame de Beauvais, c'est parce que ce titre était attaché au siège épiscopal, comme la dignité de pair de France dont il se trouvait en même temps investi.

Il cumulait, d'ailleurs, bien des honneurs, car Henri V, roi d'Angleterre, l'avait déjà nommé grand-aumônier de France, et l'Université, pour marquer qu'elle entendait le constituer arbitre de ses destinées, l'avait choisi comme conservateur de ses privilèges.

Après la froide réception qui lui avait été faite, l'évêque de Beauvais se préoccupa des moyens d'affermir et d'étendre son autorité.

En 1422, il fit faire défense aux officiers de la justice royale de Senlis d'exercer leur office de juges séculiers dans le comté de Beauvais. Il obtint du roi Charles VI une charte datée du 14 avril 1422 (2) par laquelle il était « fait défense au bailli de

Signature authentique de Philippe le Bon, duc de Bourgogne.

Senlis et autres officiers du roi, d'exercer la juridiction séculière à Beauvais, et dans tous les endroits qui ap-

______

(1) Voir plus loin, p. 166.

(2) Avec un arrêt du Parlement en date des 22 avril et 27 mai 1422.

partenaient à l'évêque de ce lieu, ou qui relevaient de
lui, dans sa comté de Beauvais ou de Gerbéroy ».
Cette charte fut depuis enregistrée au Parlement de
Paris (1).

Pierre Cauchon se décida ensuite à aller visiter son
métropolitain, Regnault de Chartres (17 des calendes
de juin 1422), et lui fit la promesse de soumission et
d'obéissance à laquelle il était tenu comme suffragant.

Malgré le souci qu'il avait d'écarter ceux qui lui
portaient ombrage, et son vif désir de maintenir rigoureusement les droits attachés à son titre, l'évêque de
Beauvais fut contraint de tolérer une contribution à
laquelle la commune dut astreindre les habitants de la
ville pour faire d'indispensables réparations aux fortifications de la place. On avait agi sans son autorisation, mais force lui fut de fermer les yeux sur cette
irrégularité, à cause de l'urgence. Il consentit donc,
sans engagement pour l'avenir, à ce qu'on employât à
ces travaux, des deniers publics jusqu'à la somme de
1,300 livres, ainsi qu'il résulte, disent MM. de Sainte-
Marthe, des actes du chartrier de l'évêché de Beauvais (2).

S'il ne put se soustraire à cette concession, Cauchon
ne se montra pas tendre pour son Chapitre qui eut à
expier son peu de zèle pour la faction bourguignonne.
On imposa aux chanoines l'obligation de veiller pour
leur part à la garde des portes et d'envoyer un de leurs
membres présider aux travaux. Il durent aussi sup-

(1) De Formeville, *loc. cit*, p. 174.
(2) *Gall. Christ.*, t. II, *in Epis. Bellov.*

porter la plus forte partie du nouvel impôt. Le Chapitre, qui était fondé à se plaindre, réclama contre cette
inique répartition. Ce fut en vain, car un arrêté du
bailli de Senlis ordonna la saisie des propriétés canoniales, jusqu'au paiement intégral de la somme exigée,
y compris les frais de la procédure. Les chanoines
furent obligés de s'exécuter et de payer sans autre retard.

Des mesures semblables entretenaient une sourde
irritation au sein de la population. Cauchon heurtait
trop violemment le sentiment public, et son dévouement exclusif à la cause antinationale lui faisait trop
perdre de vue la mission que lui donnait son caractère
d'évêque et de pasteur des âmes. C'est ce qui acheva de
le rendre odieux aux habitants de Beauvais. C'est aussi
ce qui devait le mettre plus tard dans la nécessité de
fuir sa ville épiscopale.

Ce fut seulement en 1424 que le nouvel évêque fit
son entrée solennelle à Gerberoy. Il y fut reçu le
dimanche de Quasimodo, par le Chapitre de la collégiale qui lui présenta le pain et le vin, comme au seigneur du lieu. L'année suivante, il s'y rendit encore
pour y exercer son autorité de vidame (1425). Puis, il
visita les paroisses les plus importantes de son diocèse,
et en même temps qu'il exerçait les devoirs de sa charge
pastorale (1), il prêchait à tous la soumission aux
envahisseurs.

(1) L'abbé Delettre, *loc. cit.*

§ 2. — PIERRE CAUCHON SERT LE PARTI ANGLAIS ET DEVIENT LE PROTÉGÉ DU DUC DE BEDFORD

Ces préoccupations locales ne l'empêchaient nullement, en effet, de s'associer aux évènements politiques qui se déroulaient en France et de prêter aux Anglais l'appui de son talent et de son influence, chaque fois que son intervention était nécessaire.

C'est ainsi que nous le retrouvons mêlé aux affaires publiques, après la capitulation de la ville de Meaux que le roi Henri V avait assiégée pendant plus de huit mois (30 septembre 1421–3 juin 1422).

Habile à tirer parti de sa victoire, le monarque anglais obtint de fructueuses rançons des prisonniers auxquels il épargna le supplice.

Cauchon intervint en cette circonstance et donna la mesure des moyens qu'il croyait pouvoir employer pour augmenter le crédit dont il jouissait déjà.

Philippe de Gamaches et ses trois frères, moines de saint Benoît, ayant été amenés à Paris, Cauchon, que M. Vallet de Viriville qualifie de « prélat ambitieux remuant et vendu au parti de l'étranger (1) » déploya contre eux une extrême rigueur pour faire sa cour aux Anglais. Il les fit mettre en basse-fosse, au pain et à l'eau, et proposa de les dégrader. Mais les religieux se défendirent énergiquement et se réclamèrent de l'abbé de Saint-Denis. Ils objectèrent juridiquement « que repousser la force par la force était chose licite à toute

(1) Vallet de Viriville. *Histoire de Charles VII*, t. I, p. 313.

personne de quelque condition ou qualité qu'elle fût, et que *le devoir de combattre pour sa patrie résultait de la loi naturelle qui est immuable* ».

Il fallut que l'abbé de Saint-Denis, qui était cependant bourguignon, intervînt en faveur de ses religieux et se les fît rendre sains et saufs (1). On voit que le sentiment patriotique, encore à l'état presque latent, se révélait déjà par des symptômes dignes de fixer l'attention !

Henri V, après avoir séjourné pendant quelques semaines à Meaux, se dirigea vers la capitale où son épouse, Catherine de Valois, vint le rejoindre, accompagnée du duc de Bedford, et de forces considérables.

La Cour y célébra solennellement les fêtes de la Pen-

(1) *Le Religieux de Saint-Denis* rapporte l'incident en ces termes : « Messire Guillaume de Gamaches, frère de l'abbé de Saint-Pharon, tenait la ville de Compiègne, dont il était capitaine, pour Charles, régent du royaume de France. Apprenant que ledit abbé, son frère, était menacé de mort, s'il ne faisait tout ce qui dépendait de lui pour le sauver, c'est-à-dire s'il ne livrait ladite ville de Compiègne aux Anglais, il leur en ouvrit tout simplement les portes... Depuis le commencement des hostilités, il y avait en la compagnie dudit abbé trois religieux de Saint-Denys. *Maître Pierre Cauchon, alors évêque de Beauvais,* sans considérer qu'il est permis en droit à tout homme, de quelque état ou rang qu'il soit, de repousser la force par la force, et que *la loi naturelle, qui est immuable, prescrit à tous de combattre pour la patrie,* fit détenir longtemps lesdits religieux à Paris, dans une affreuse prison, avec la dernière rigueur, et cela parce qu'ils avaient voulu repousser les attaques dirigées contre la ville de Meaux par les anciens et mortels ennemis du royaume. A la fin cependant, ledit évêque ayant tenu conseil à leur sujet, pour se tirer d'embarras, rendit les trois religieux à monseigneur l'abbé de Saint-Denys, leur ordinaire » (t. VI, p. 453). — Voir aussi Juvénal des Ursins.

tecôte. Les bourgeois de Paris firent exécuter, pendant deux jours, *le Mystère de la vie et Passion de monseigneur Saint-Georges* (1). Puis, le troisième jour, Henri V tint son conseil dans l'hôtel de Nesles.

Pierre Cauchon y siégea avec les principaux soutiens du parti anglais (4 juin 1422). En cet hôtel « estoient le duc de Bethford, le duc d'Excester, le comte de Richemont, le comte de la Marche d'Angleterre, et plusieurs autres. Et y survindrent le chancelier de France, le premier président (du Parlement), les évesques de Therouenne (Louis de Luxembourg), de Beauvais (Pierre Cauchon),

Nicolas Habard, évêque de Bayeux (1421-1431).

de Constances (Nicolas Habard) (2), le chancelier de Normandie, messire Raoul le Saige et autres plusieurs ».

Vers cette époque, Henri V employa encore les bons offices de Pierre Cauchon pour satisfaire son animosité contre l'évêque de Paris, Jean Courtecuisse, élu contre son gré, et qui venait de s'installer à l'évêché. Il chargea l'évêque de Beauvais d'adresser des remontrances au Chapitre à ce sujet.

(1) *Journal d'un bourgeois de Paris*, édition Tuetey, p. 174.

(2) Nicolas Habard cité par M. Vallet de Viriville (*ibid.*, p. 318) comme assistant au conseil royal, fut évêque de Bayeux, de 1421 à 1431.

Cauchon, qui gardait rancune aux chanoines avec lesquels il avait eu maille à partir (1), n'était pas disposé à les ménager.

Il les avertit que le roi était « mal content » de voir leur élu résider dans cette ville sans l'autorisation du gouvernement, et leur enjoignit d'aviser à l'éloigner de la capitale.

Ceux-ci refusèrent d'obtempérer à de telles injonctions, en prétextant qu'ils n'avaient aucune autorité sur leur évêque (2).

Cauchon ne se tint pas pour battu et conseilla sans doute une autre tactique au monarque anglais qui,

Grand blanc ou florette de Henri V,
frappé à partir de 1420.

pour vaincre à tout prix une si violente opposition, obtint enfin du pape la translation de Courtecuisse à l'évêché de Genève (juillet 1422).

(1) Cauchon s'était emparé, en les payant un prix dérisoire, des livres et des ornements que Gérard de Montaigu avait légués aux chanoines de Paris, et ceux-ci, après avoir porté plainte au roi, avaient dû présenter requête au Parlement pour rentrer en possession de ces objets.

(*Grassoreille, ibid.*, p. 143. — *Archives nationales*, LL. 213 pp. 339 et 454.)

(2) Délibération capitulaire du 9 janvier 1422 (n. s.) *Arch. nat., ibid.* p. 353.

62

L'evêque de Beauvais, qui défendait les intérêts des envahisseurs avec tant de zèle, pouvait se réjouir désormais de l'échec du Chapitre et de l'asservissement des Parisiens. Les Anglais devaient encore opprimer pendant de longues années la population qui ne supportait qu'impatiemment leur joug (1).

Durant le même temps, dit M. Vallet de Viriville, un édit contraignait les habitants à se défaire au rabais de leur ancienne monnaie afin de permettre la mise en circulation immédiate de nouvelles espèces, à l'exclusion de toute autre. Une multitude d'honnêtes gens, de petites gens surtout, se trouvaient frappés de ruine et réduits à l'indigence. De violents murmures naissaient d'une commune indignation, mais le joug de la force et l'intimidation étouffaient les plaintes et comprimaient le sentiment public (2).

Henri V, après les fêtes officielles qui faisaient un pénible contraste avec la misère et la sourde colère du peuple, reprit les hostilités et vint s'établir à Senlis, se dirigeant vers le Crotoy où Jacques d'Harcourt se maintenait avec intrépidité.

(1) Nombre de nobles ou de bourgeois qui avaient horreur de la domination bourguignonne ou anglaise, allèrent s'établir dans les pays qui reconnaissaient l'autorité du dauphin; ils espéraient que leur exil ne serait pas de longue durée, mais les années s'écoulant, ces émigrés se prirent à regretter la bonne ville de Paris et leurs biens confisqués pour cause « d'*absentement* ». Beaucoup sollicitèrent et obtinrent des lettres de rémission. Le découragement des membres du parti national s'accentua surtout de 1424 à 1429 (*Paris pendant la domination anglaise*, par Auguste Longnon, introduction, xiv.)

(2) Monstrelet.

Ancien évêché de Beauvais, XVe siècle (actuellement Palais-de-Justice).

64

Il envoya vers ce capitaine une députation composée
de Hugues de Launoy, Bourguignon, grand maître des
arbalétriers de France, de Pierre Cauchon, évêque de
Beauvais, et d'un héraut.

Les envoyés avaient pour mission de sommer Jacques
d'Harcourt et de le persuader, par la voie diplomatique,
d'avoir à remettre son château du Crotoy entre les
mains du roi de France et d'Angleterre. Mais, toute
l'éloquence de l'évêque de Beauvais ne put avoir raison
du brave lieutenant du dauphin, et force fut aux délégués de revenir à Senlis porteurs d'un refus que le
roi d'Angleterre dut accepter (1). D'ailleurs, ce monarque fut rappelé presque aussitôt à Paris pour répri-
mer une conjuration dite *orléaniste*, qui avait failli
livrer la capitale aux Armagnacs.

C'était le dernier service que Pierre Cauchon rendait à Henri V qui fut atteint peu après d'une maladie
grave à laquelle il succomba à Vincennes, le
31 août 1422.

L'évêque de Beauvais figurait au premier rang
dans les magnifiques funérailles qui furent faites au roi
conquérant.

Malgré cet événement, il ne devait rien perdre de
son influence dans les affaires du gouvernement anglais.

En effet, nous le verrons bientôt investi de toute la
confiance du duc de Bedford, frère de Henri V, qui fut
constitué *régent par l'autorité des rois de France et*

(1) Voir la *Chronique normande de Pierre Cochon* et Monstrelet-
d'Arcq, pp. 103-4.

d'Angleterre (1), du consentement du duc de Bourgogne, et prit possession de ses fonctions à Rouen, vers le 15 septembre, comme gouverneur de la province conquise.

La situation était critique. L'héritier du roi d'Angleterre, Henri VI, n'était âgé que de neuf mois, et le roi de France, Charles VI, était mourant. Il s'éteignit le 22 octobre suivant, laissant le dauphin, âgé de vingt ans, qui devait régner sous le nom de Charles VII. Le dauphin « estoit de sa personne moult et bel prince, dit un chroniqueur, et biau parleur à toutes personnes, et estoit piteux envers povres gens, mais il ne s'armoit mie vollentiers et n'avoit point chier la guerre, s'il s'en eust pu passer » (2).

Entre le nouveau roi de France, irrésolu et faible, et le nouveau *roi de France et d'Angleterre*, Henri VI, encore au berceau, sous la tutelle énergique du duc de Bedford, la France, enjeu du tragique débat qui s'agitait, endurait un triste martyre, et nul ne pouvait prévoir la fin des cruelles épreuves et des maux inouïs qui l'accablaient.

Pierre Cauchon, dont la place était marquée dans toutes les affaires importantes, fut désigné au nombre des exécuteurs testamentaires de Charles VI. Ceux que le feu roi avait choisis dès 1413 étant tous morts, le Conseil institua, pour les remplacer, les ducs de Bedford, de Bourgogne, de Bretagne, le chancelier de

____

(1) Vallet de Viriville, *ibid.*, p. 355.

(2) Monstrelet-d'Arcq, t. IV, p. 132, note 1. — Fenin-Dupont, p. 195.

France, les évêques de Thérouenne, de Beauvais et huit autres personnages.

On retrouve encore, en cette circonstance, Louis de Luxembourg aux côtés de Pierre Cauchon. Le noble

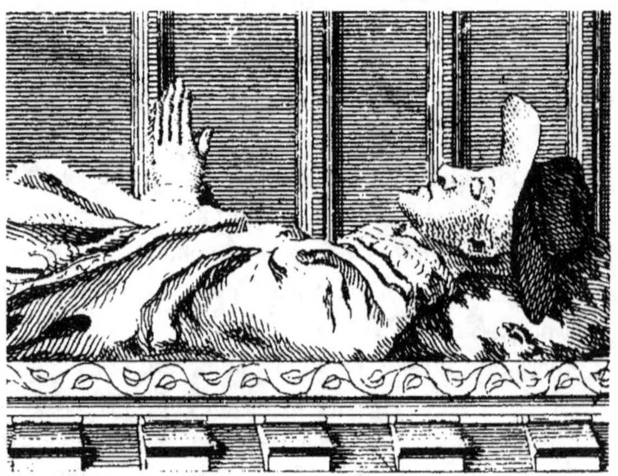

Louis de Luxembourg, chancelier de France pour les Anglais, mort archev. de Rouen, et évêque d'Ely, en Angleterre. (Tombeau à Ely.)

prélat et l'évêque d'origine obscure se suivront ainsi pendant de longues années, dans la vie publique, associés tous deux à la fortune des Anglais en France.

Cauchon devint l'un des auxiliaires les plus dévoués du duc de Bedford.

Dès 1423, il se qualifiait conseiller du roi Henri VI et touchait des appointements qui s'élevaient à mille livres (1). Il cumulait ces fonctions avec celles de chancelier de la reine d'Angleterre.

(1) Stevenson, *Letters and papers illustrative of the wars of the English in France.* t. I. pp. 6, 10.

Il était peu fidèle à sa résidence, car on constate fréquemment alors sa présence à Rouen où il aimait à séjourner et dont il convoitait déjà le siège.

Le duc de Bedford s'étant fait donner le duché d'Anjou et le comté du Mans, Cauchon fut présent à cette donation qu'il confirma par sa signature.

Il fut aussi l'un des prélats consécrateurs de Jacques du Chastellier, nommé évêque de Paris par la faveur des Anglais.

§ 3. — MISSIONS IMPORTANTES DONT PIERRE CAUCHON FUT CHARGÉ JUSQUA L'APPARITION DE LA PUCELLE

En 1425, le Régent chargea Pierre Cauchon d'une négociation des plus délicates relativement à la grosse question de la collation des bénéfices que le schisme d'Avignon avait soulevée, et qui devait plus tard mettre ce prince en guerre ouverte avec le clergé des diocèses occupés par les Anglais.

Les évêques avaient obtenu la suppression des réserves et des expectatives, tandis que les grands bénéfices (églises cathédrales, collégiales ou conventuelles) étaient laissés à l'élection. Ces « *libertés de l'Eglise de France* » avaient été confirmées en 1418 par les chefs du parti Armagnac, qui favorisaient ainsi le haut clergé en s'aliénant les sympathies du pape Martin V et de l'Université de Paris.

Les Bourguignons, au contraire, dominés par les influences universitaires et jaloux de se concilier les bonnes grâces du nouveau pape, s'étaient empressés d'abroger les libertés gallicanes.

Le Régent qui voulait se rendre l'épiscopat favorable avait d'abord semblé vouloir rétablir, dans leur intégrité, les droits et privilèges de l'Eglise de France. Il avait même engagé la lutte sur ce terrain avec le Saint-Siège, auquel il avait tenu un langage presque menaçant, mais le pape Martin V avait résisté fièrement et dignement à cette tentative d'intimidation (1421).

Bedford changea alors de tactique, et n'hésita pas à solliciter le concours du pontife dont la médiation lui était nécessaire pour faire cesser un différend qui mettait aux prises le duc de Glocester, son frère, et le duc de Bourgogne, son allié.

« Le Régent, dit à ce sujet M. Siméon Luce, ne peut être comparé, pour la science profonde de l'équilibre des forces et l'audacieuse brusquerie de ses changements de front, qu'à l'homme d'Etat le plus rusé et le moins scrupuleux de la seconde moitié du XIX⁰ siècle » (1).

Il trouvait en Pierre Cauchon un merveilleux instrument pour la réalisation de ses combinaisons diplomatiques.

On décida d'octroyer à la cour de Rome la collation des évêchés, sauf le droit de présentation qui fut réservé soigneusement, la concession des trois quarts des bénéfices, l'autre quart seulement étant maintenu aux ordinaires (évêques), le rétablissement des réserves, des annates et des expectatives.

(1) Siméon Luce. *Jeanne d'Arc à Domrémy* p. 231.

Le duc de Bedford, frère de Henri V, régent de France pour Henri VI
roi d'Angleterre, à genoux devant saint Georges.
(Missel de Bedford, ms. fr. du British Museum, n° 18850).

Ce fut le prix moyennant lequel le Régent de France acheta la faveur de Martin V.

Une grande ordonnance, réglant sur ces bases les rapports de l'Eglise et de l'Etat, fut rendue le 26 novembre 1425.

L'évêque de Beauvais fut chargé d'en négocier la promulgation, le 5 mars de l'année suivante. « On comptait sur l'influence et les talents de cet habile homme pour triompher de la résistance que l'on s'attendait à rencontrer de la part du Parlement » (1). Ce corps judiciaire se recrutait surtout parmi les créatures du roi d'Angleterre ou du duc de Bourgogne, depuis le traité de Troyes, et pourtant il se montra très opposé aux nouvelles mesures et ne désarma qu'après six jours de pourparlers et de négociations. L'ordonnance remaniée fut acceptée sous les plus expresses réserves.

Bedford gagnait ainsi les bonnes grâces du Saint-Siège, mais s'aliénait le clergé et surtout les chefs des diocèses soumis à sa domination.

Pierre Cauchon était peut-être le seul parmi les prélats français qui eût osé pousser le Régent à dépouiller ainsi les évêques de la collation de la plupart des bénéfices, au profit du pape. Il avait trop d'ambition pour ne pas tout sacrifier au désir de contenter à la fois les Anglais et Martin V. Il y réussit pleinement puisqu'il obtint un bref par lequel le souverain pontife le remerciait avec effusion de ses bons offices et le comblait d'éloges. Louis de Luxembourg et Philippe de Morvil-

____

(1) Siméon Luce. *Jeanne d'Arc à Domrémy*, p. 232.

Porte de l'ancien évêché de Beauvais. (Dessin inédit de Ruckert.)

liers, premier président du Parlement, qui avaient été d'utiles auxiliaires pour Pierre Cauchon, reçurent des brefs semblables. Les docteurs de l'Université qui avaient fait cause commune avec l'évêque de Beauvais, resté l'un des leurs, furent l'objet des mêmes félicitations.

C'est ainsi, observe très judicieusement M. Siméon Luce que, dès 1426, « le lien si puissant de la communauté des intérêts et des services rendus scella en quelque sorte un pacte d'union entre Bedford, Pierre Cauchon et les docteurs de l'Université de Paris, d'une part ; le souverain pontife, de l'autre, c'est-à-dire entre les juges qui devaient cinq ans plus tard envoyer la Pucelle au bûcher et le seul pouvoir qui aurait pu s'opposer efficacement à cette iniquité.

L'entente du Régent et du pape devait se faire deux ans plus tard sur une autre question pour le règlement de laquelle l'évêque de Beauvais reçut pleins pouvoirs. Je veux parler du paiement d'un double décime auquel le clergé de France fut soumis, tant pour permettre aux Anglais de soutenir la guerre contre le dauphin (Charles VII), que pour donner au Saint-Siège les ressources destinées à une croisade projetée contre les Hussites (1428). Nous verrons bientôt quelles difficultés Pierre Cauchon rencontra, notamment à Rouen, pour l'exécution de cette mesure.

C'est à Rouen, d'ailleurs, que nous trouverons encore l'évêque de Beauvais négociant, avec le Chapitre, dès 1426, relativement aux difficultés que soulevait la promotion au cardinalat de Jean de la Roche-

taillée, archevêque de cette ville. Ce conflit est curieux
à signaler, car il nous initie aux mœurs et coutumes de
cette époque où les évêques jouaient parfois le rôle de
chefs de guerre, et presque toujours étaient des hommes
politiques considérables.

Les chanoines soutenaient que la dignité de cardinal
était incompatible avec celle d'archevêque. Le pape,
sur les instances du duc de Bedford, avait permis au
nouveau cardinal de conserver néanmoins son archevêché, mais lorsque le prélat sollicita les chanoines de
ratifier cette promesse, la majorité lui opposa un refus
formel. La résistance fut telle que les opposants furent
mis en suspicion, privés de leurs distributions capitulaires, comme s'ils eussent gravement manqué à leurs
devoirs.

On considéra l'archevêque comme démissionnaire, et
pendant neuf mois, alors qu'on envoyait à Paris
des délégués chargés d'agir contre lui, on se préparait
à assembler les bourgeois de Rouen et les gens d'église
pour le contraindre à céder (1).

Les chefs du gouvernement anglais virent dans ces
manœuvres des marques non équivoques d'insubordi-
nation, tant à l'égard du pape qu'à l'égard du roi. Ils
redoutaient même une sédition populaire.

Ils firent notifier au Chapitre un mandement adressé
à Jean Salvain, bailli de Rouen (4 novembre 1426), lui
enjoignant de maintenir l'archevêque dans la jouis-
sance de ses droits, sous réserve de l'opposition qui

(1) De Beaurepaire. *Recherches sur le procès de condamnation de
Jeanne d'Arc*, p. 50.

pourrait être faite dans les formes, et dont la connaissance serait réservée au prévôt de Paris, parce que

Sceau du bailli de Rouen pendant l'occupation anglaise.

Jean de la Rochetaillée était étudiant de l'Université.

Le Chapitre protesta de sa volonté d'obéir au roi et
au pape, mais il fit ses réserves sous prétexte qu'il
n'était pas délibéré sur la matière en question et, finalement, il s'en tint à sa première opinion.

C'est alors qu'un accord provisoire fut conclu, par
les soins de Pierre Cauchon, assisté de Philippe de
Reuilly, trésorier de la Sainte-Chapelle de Paris, et de
Quentin Massue, licencié en droit et maître des
requêtes de l'hôtel. Il fut arrêté que le Chapitre pourrait s'opposer à l'exécution des lettres du roi, et que
l'archevêque pourrait faire toutes protestations dans
l'intérêt de sa cause. Le procès devait être tenu en
état, sans préjudice du droit des parties, pendant trois

ans, à partir de l'acceptation du cardinalat. En attendant le jugement définitif, l'archevêque prenait l'engagement de ne pas venir à Rouen. S'il arrivait qu'il y fût mandé pour affaires publiques par le Régent, il devait en donner avis au Chapitre qui pourrait faire les démarches nécessaires pour obtenir un contre-ordre. Dans tous les cas, il lui serait interdit d'entrer dans la cathédrale sans le consentement formel du Chapitre obtenu dans une assemblée à laquelle auraient été convoqués tous les chanoines résidant à Rouen.

Parmi les arbitres indiqués plus haut, figuraient encore, avec Pierre Cauchon, Louis de Luxembourg, chancelier de France, et Philippe de Morvilliers, premier président du Parlement.

Trois jours après, Jean de la Rochetaillée recevait le chapeau de cardinal en l'église de Paris, et prêtait serment de fidélité à Henri VI (25 février 1427).

Le lendemain, le roi d'Angleterre rendait un mandement « à la relation du conseil : les évêques de *Beauvais* et de Noyon, le seigneur de Saint-Pierre, maître Pierre de Canteleux et autres présents », enjoignant au bailli de Rouen de *mettre à pleine délivrance* le temporel de l'archevêché (1).

La sentence arbitrale rendue par Pierre Cauchon et ses collègues permettait à l'*archevêque-cardinal* de prendre ses mesures, dans le délai imparti, pour se faire transférer à quelque autre bénéfice qui ne fût point incompatible avec le cardinalat.

(1) De Beaurepaire, *ibid.*, p. 52.

J'aurai l'occasion de constater bientôt que Jean de la Rochetaillée, après de longues et pénibles difficultés, fut transféré au siège de Besançon, en 1429, et que le siège de Rouen demeura vacant, même pendant le procès de Jeanne d'Arc.

Chaque année, on le voit, le gouvernement anglais avait recours à l'intervention de l'évêque de Beauvais. En cette même année 1427, on le trouve encore à Paris prêtant son appui, cette fois, au Chapitre devenu plus docile ou plus résigné, et qui tentait, mais en vain, de se faire dispenser de la taille (1).

En 1428, il présidait une Commission générale instituée en Champagne par le duc de Bedford, désireux d'utiliser les services des capitaines bourguignons (2).

Les chefs du parti français étaient alors plus divisés que jamais et réduits à l'impuissance. Le duc de Bourgogne n'avait pas encore rompu avec les Anglais, mais il ne s'était pas non plus rapproché de Charles VII, et il laissait ses gens de guerre se mettre à la solde des envahisseurs, qui les accueillaient avec faveur.

Nous arrivons aux jours les plus sombres de notre histoire nationale (1429). Charles VII, privé de sa capitale, ne conservait plus qu'un semblant de royaume et errait, comme un fugitif, dans le petit pays d'Outre-Loire que les Anglais dédaignaient presque d'occuper.

Incertain de sa naissance et de son droit au trône que lui déniait sa propre mère, il paraissait sur le

(1) *Le Chapitre de Notre-Dame de Paris pendant la domination anglaise, ibid.,* p. 173.

(2) Du Fresne de Beaucourt, *Histoire de Charles VII,* t. II, p. 31.

point de quitter la France, et à la veille de perdre
Orléans, dernier rempart de son honneur et de sa fortune.

Mais je me hâte d'ajouter que si l'année 1429
marquait l'extrême limite de nos malheurs, à la suite
de l'invasion anglaise, elle devait être aussi le point de
départ d'un revirement subit dans la fortune de la
France.

L'une des missions qui furent alors confiées à Pierre
Cauchon, vers le temps où il fut expulsé de Beauvais
avec les Anglais (août 1429), signale le commencement
des revers éprouvés par ceux-ci et l'alarme qui se
répandit subitement parmi leurs capitaines.

On sait ce qui était advenu. Jeanne d'Arc venait
d'apparaître et déjà faisait trembler les envahisseurs !

L'heure était arrivée où l'évêque de Beauvais devait
donner la mesure de sa servilité et tout sacrifier à son
ambition effrénée.

Nous allons voir comment, après avoir succombé
à Beauvais avec les Anglais qu'il avait servis si fidè-
lement, il vint s'installer dans la vieille cité rouennaise,
capitale du pays de conquête, pour y préparer leur
vengeance et préluder aux sinistres procédures de la
justice inquisitoriale.

CHAPITRE TROISIÈME

La Mission de Jeanne d'Arc. — Pierre Cauchon chassé de Beauvais avec
les Anglais se réfugie à Rouen (1429). — Prise de la Pucelle et préliminaires du Procès.

§ 1er. — LA MISSION DE JEANNE D'ARC

Jeanne d'Arc.
Statue équestre du xve siècle.
(Musée de Cluny).

Pierre Cauchon ne
put occuper le siége
de Beauvais que pen-
dant neuf ans.

Il avait eu soin de
faire placer ses armes
en divers endroits de
son évêché et de sa
Cathédrale.

On les retrouve en-
core quand on visite,
près de cette cathé-
drale, l'une des plus
belles de France, l'an-
cien palais épiscopal
devenu le Palais-de-
Justice. Cette antique
demeure de Pierre
Cauchon est bien con-
nue des touristes avec

sa porte d'entrée monumentale et les deux tours mas-
sives dont elle est flanquée. Elle n'a guère subi de mo-

difications, paraît-il, depuis l'époque où elle abritait le futur juge de Jeanne d'Arc.

Ce fut à la suite des échecs successifs infligés par la Pucelle aux Anglais, que l'évêque de Beauvais fut contraint de quitter sa ville épiscopale qui ne l'avait supporté qu'à regret.

Avec l'héroïque jeune fille, une ère nouvelle venait de s'ouvrir après tant de jours de deuil et de douleur. A l'écrasement de la Patrie et au découragement de ses meilleurs serviteurs avait succédé la confiance ranimée par les merveilleux exploits de la Pucelle.

L'inspiration de la sublime jeune fille était née au foyer paternel, à l'ombre de l'église de Domrémy, entre les bords fleuris de la Meuse et la forêt de chênes, *le bois chesnu*, qui couronne les hauteurs du village. De douces voix, disait-elle, s'étaient fait entendre souvent à son oreille, l'engageant à porter remède aux maux de la guerre dont elle était le témoin attristé, et à se porter au secours du *gentil dauphin*.

On sait comment le duc de Lorraine avait voulu la voir et lui avait envoyé un sauf-conduit.

Bientôt, Baudricourt s'était laissé convaincre. Tous ceux du parti d'Armagnac n'étaient ils pas menacés de devenir Anglais?

Le 23 février 1429, Jeanne était partie avec une petite escorte composée de Jean de Metz, de Bertrand de Poulengy et de leurs servants.

Il me suffit de rappeler ici qu'après avoir été interrogée à Poitiers par les prélats et docteurs restés fidèles à la cause nationale, Jeanne vit sa mission

reconnue par l'Eglise qui acceptait l'héroïne avec la
tenue des camps. Ces habits d'homme qui, plus tard,
effaroucheront tant les assesseurs de Pierre Cauchon,
n'excitèrent pas les mêmes scrupules parmi les ecclésiastiques du parti de France. Comme le dit peu après
l'évêque d'Embrun, parlant des exploits de la Pucelle :
« Il est plus décent de faire ces choses en habits

Signature de Jean d'Aulon.

d'hommes, puisqu'on doit les faire avec des hommes ».

Les matrones chargées d'examiner la jeune fille
déclarèrent qu'elle était digne de porter son surnom
populaire. Bref, la future victime de Pierre Cauchon
mérita ce témoignage qu'on trouvait en elle que « bien,
humilité, virginité, dévotion, honnêteté, simplesse ».

Nous sommes loin des accusations systématiques et
des invectives dont l'accableront plus tard, les Bourguignons, les Anglais, l'évêque de Beauvais et ses
complices!

Le roi l'envoya à Tours où fut composée sa maison
militaire (1). Il lui fit faire une armure complète et lui

______

(1) Ses hommes d'armes furent ses frères Jean et Pierre d'Arc, Jean
de Metz et Bertrand de Poulengy. Elle eut pour écuyer Jean d'Aulon;
pour pages, Louis de Contes et Raymond; pour aumônier, Jean Pasque-
rel, religieux augustin.

donna des chevaux pour aller, elle et ses gens. Elle s'arma de l'épée trouvée, sur ses indications, dans la chapelle de Sainte-Catherine-de-Fierbois, et fit faire un étendard en linon brodé de soie, au champ d'argent (blanc) semé de lis, représentant, sur la face, avec l'inscription : *Jésus Maria*, l'image de Dieu assis sur les nuées du ciel, portant le monde dans sa main ; et, de chaque côté, une fleur de lis qu'il bénissait ; sur le revers, l'écu de France tenu par deux anges (1).

Ce fut cet emblème à la fois religieux et patriotique, gage de la victoire dans les mains de Jeanne, qui mit en fuite les envahisseurs. Plus tard, les juges assemblés par Pierre Cauchon, le considèreront comme ayant été un talisman et un véritable instrument de sorcellerie.

En quelques mois, la Pucelle se couvrit de gloire et fit couronner le roi.

Elle quitta Tours pour Blois où avait été rassemblé le convoi destiné à marcher sur Orléans que tenaient les Anglais (25, 26, 27 avril 1429).

Puis, elle écrivit la lettre célèbre par laquelle elle

sommait le roi d'Angleterre, ainsi que le Régent et les principaux capitaines G. de la Poule, Talbot, le sire d'Escales, de rendre les clefs de toutes les *bonnes*

(1) Wallon, *Jeanne d'Arc*. — Jeanne se fit faire aussi un pennon, ou petite bannière, sur laquelle était peinte une Annonciation. — Jeanne nous apparaît telle, dans la belle miniature du xv⁰ siècle que j'ai fait reproduire d'après l'original appartenant à M. Spetz, d'Isenheim.

Jeanne d'Arc armée en guerre et portant son étendard.
(Miniature de la collection Spetz.)

villes prises et volées en France, leur enjoignant
d'abandonner le territoire de France; ordonnant aux
archers, gentils compagnons de guerre et autres, se
trouvant devant la ville d'Orléans, de s'en aller en leur
pays, etc...

Bientôt, elle s'élançait vers la ville, et malgré l'état
formidable des lignes anglaises, les bastilles défendues
avec acharnement par les ennemis, elle y faisait son
entrée le 29 avril, escortée du bâtard d'Orléans, de
Lahire et de ses principaux compagnons d'armes

Après de brillantes sorties et l'assaut des tourelles,
Talbot fut obligé de se replier en bon ordre, mais non
pas toutefois sans laisser derrière lui l'artillerie, les
approvisionnements, et même les malades, d'après la
chronique. Pendant que les Anglais se retiraient sur
Meung et Beaugency, les habitants couraient aux bastilles qui les tenaient emprisonnés depuis si longtemps.
Ils les démolirent et en rapportèrent en triomphe les
canons, bombardes et provisions de toute sorte que les
assiégeants venaient d'y laisser.

Le siège d'Orléans avait duré sept mois, et Jeanne y
avait mis fin en une semaine! (8 mai 1429).

La Pucelle ne voulut point laisser de répit aux
Anglais. Après avoir été reçue avec de grands honneurs par Charles VII, elle insista, malgré les hésitations des conseillers du roi, pour qu'il se pressât, disant
« qu'elle ne durerait guère plus d'un an, et qu'on son-
geât à bien besongner cette année », car elle avait
beaucoup à faire.

Bientòt, elle s'illustrait par cette célèbre campagne de la Loire, qui la rapprochait de Reims.

L'élan était donné et nos troupes occupaient ensuite, presque sans coup férir, le pont de Meung (15 juin) et Beaugency (17 juin 1429).

Après Patay, la Pucelle avait prouvé sa mission dans les sièges et les batailles. Ce n'était plus seulement le peuple, mais c'étaient les soldats, les capitaines et les seigneurs qui croyaient en elle et ne demandaient qu'à la suivre. Aussi, malgré l'hostilité de la Trémouille, elle se dirigea sur Troyes dont elle fit sommer les habitants qui ouvrirent leurs portes au roi le 10 juillet.

Quelques jours après, ce furent les bourgeois de Châlons qui reçurent solennellement la Pucelle et Charles VII. Enfin, le 17 juillet 1429, avait lieu dans l'antique basilique de Reims, la pompe du sacre, en présence de l'héroïne et des pairs de France, laïques et ecclésiastiques.

Ainsi c'étaient les habitants de la cité rémoise où était né Pierre Cauchon, qui ouvraient leurs portes au roi de France, pendant que le sinistre évêque conspirait avec les Anglais contre sa patrie (1).

(1) Cauchon venait à peine de quitter Reims où il avait encore des intelligences. Il y avait figuré avec honneur, le 26 mai 1429, et avait été invité à porter le Saint-Sacrement à la procession de la Fête-Dieu. Cocquault a dit, à ce sujet : « Le grand partisan de l'Angleterre. P. Cauchon, évesque de Beauvais, estait à Reims le jour de la fête du Saint-Sacrement, 26 mai 1429. Ce fut lui qui porta le Saint-Sacrement à la procession. Il venait dire adieu à sa patrie pour jamais, qu'il ne verrait plus en sa perfidie, que bientôt elle debvoit quitter (Cocquault, t. III, p. 642, et tables du même, *ad annum* 1429).

La Pucelle avait accompli sa double mission et réalisé sa double prédiction.

Pourquoi faut-il qu'à partir de cette époque, au lieu de suivre la politique hardie de l'héroïne qui était de marcher toujours en avant et d'attaquer Paris, Charles VII se soit laissé influencer par les conseils timorés de ses courtisans et de la Trémouille?

Après Reims, la Pucelle était arrivée à l'apogée de sa gloire et de sa popularité. Charles VII lui avait octroyé des armoiries (1).

Le peuple se portait avec enthousiasme à sa rencontre, et beaucoup lui baisaient les pieds et les mains. On portait des médailles à son effigie (2); on plaçait son image dans les églises, et on la mentionnait même dans

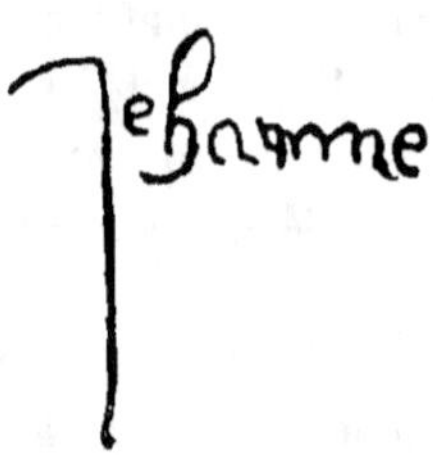

Signature de Jeanne d'Arc.

les prières de la messe (3). Enfin, on composait sur ses exploits extraordinaires de naïves « *canchons, fables*

(1) Charles VII lui donna pour armoiries une épée d'or, la pointe en haut, sur champ d'azur, entre deux fleurs de lis.

(2) *Notice sur les plombs historiques trouvés dans la Seine*, par A. Forgeais.

(3) Wallon, *ibid.*

et bourdes moult merveilleuses », qui circulaient dans les milieux populaires.

Pendant ce temps, une véritable panique s'était emparée des capitaines et des soldats anglais qui désertaient par crainte de ses *enchantements*, à tel point que les ducs de Bedford et de Glocester étaient contraints d'édicter contre eux les mesures les plus sévères (1).

Et, de fait, depuis que l'héroïne avait arboré son étendard et avait couru sus aux envahisseurs, ceux-ci n'avaient éprouvé que des revers, même dans les contrées où ils se croyaient le plus solidement établis.

C'est ainsi qu'au mois d'août 1429, les Français étaient entrés victorieusement à Beauvais, et avaient repris successivement ensuite Aumale et Blangy, sur les confins de la Normandie ; puis Etrepagny, Dangu, Torcy, Château Gaillard et même Louviers. Ils en étaient arrivés à pousser des reconnaissances, presque jusqu'aux portes de Rouen.

§ 2 — PIERRE CAUCHON CHASSÉ DE BEAUVAIS AVEC LES ANGLAIS, SE RÉFUGIE A ROUEN (1429).

La chronique de Cousinot, dite *de la Pucelle*, rapporte en ces termes la soumission de Beauvais : « Pa-

(1) 25 mai 1429. Quittance de *Guillaume Polain*, messager à cheval qui porta en toute hâte aux capitaines d'Eu, Dieppe, Fécamp et Harfleur, des lettres closes du duc de Bedford leur défendant de laisser aucuns gens de guerre se rembarquer pour l'Angleterre. (Citation de M. G. Lefèvre-Pontalis, *Journal des Débats*, 5 août 1895).

reillement aussi allèrent des hauts seigneurs en la ville et cité de Beauvais dont estoit évesque et seigneur un nommé Maistre Pierre Cauchon extrême Anglois, combien qu'il fût de la nation emprès Rheims, et aussitost qu'ils virent des hérults, qui avoient les armes de France, ils crièrent : *Vive Charles, roy de France*, et se mirent en son obéyssance ; et, ceux qui ne voulurent aller en ladicte obéyssance, les laissèrent aller avec leurs biens ».

Les Bourguignons et les Anglais devant cette explosion des sentiments publics, furent obligés d'évacuer la ville.

Nos vaillants capitaines français Poton de Xaintrailles, La Hire, et le maréchal de Boussac, s'installèrent dans la place, et en prirent possession au nom du roi.

La population de Beauvais, redevenue française, n'avait eu rien de plus pressé que d'en chasser honteusement l'évêque que lui avaient imposé nos ennemis (1). D'après l'abbé Delettre, Cauchon avait même jugé prudent de prendre l'avance. N'ayant pu réussir à conjurer cette subite révolution dans sa ville épiscopale, il dut se réfugier à Rouen où il était appelé à siéger dans les conseils du duc de Bedford et du jeune roi Henri VI.

(1) Belleforest raconte : « qu'en l'an 1429, la ville de Beauvois se rendit au roy Charles VII, en laquelle le duc de Bourgogne avait mis pour évêque un docteur de Paris nommé Messire Pierre Cauchon, partial des Anglois le plus obstiné qui fut oncques : contre la volonté duquel les citoyens de Beauvois se soumirent au Roy et fut le dit Evêque contraint de se retirer vers le duc de Bedfort ».

Nous verrons bientôt qu'il y séjourna pendant toute la durée du procès de Jeanne d'Arc, aux appointements de cent sols tournois par jour.

Pierre Cauchon dut abandonner tout espoir de pouvoir jamais reparaître en son diocèse (1). Il cessa d'avoir aucuns rapports avec lui, bien qu'il en restât l'évêque légitime. Il fut considéré, à Beauvais, non comme un évêque, mais comme un ennemi déclaré. Le domaine épiscopal fut mis en séquestre, et les revenus en furent perçus au nom de Charles VII. Ce fut Pierre Machue qui fut chargé de cette recette, et qui s'en acquitta avec un zèle si exubérant, qu'il fut un jour condamné à faire amende honorable en la cathédrale pour avoir poursuivi et menacé un débiteur qui avait cherché asile dans le lieu saint.

Mais, si Cauchon avait perdu les revenus de son

____

(1) Ses diocésains n'entretinrent avec lui aucune correspondance, et lors même que quelques-uns l'auraient désiré, il eût été dangereux pour eux de l'entreprendre.

L'abbé Delettre rapporte que Thomas Barbençon, chanoine de la cathédrale, fut soupçonné d'avoir des intelligences avec le parti anglais, parce que le 21 août 1431, il avait quitté la ville pour se rendre en la cure dont il était titulaire et avait visité une section de cette cure située sur le territoire encore soumis aux Anglais.

L'irritation de la population était telle que le malheureux chanoine fut appréhendé et que son domicile fut envahi et pillé par la populace. Bien qu'il se fût justifié de s'être absenté dans des vues politiques, on n'en dut pas moins le condamner à la réclusion jusqu'au 12 décembre suivant, autant pour donner satisfaction à l'opinion publique que pour le soustraire à la fureur populaire. (*Histoire du Diocèse de Beauvais*, t. III, p. 21).

évéché, il devait trouver à Rouen d'importantes compensations.

Un compte de la *Vicomté* de cette ville, cité par M. Ch. de Beaurepaire, fait allusion à la nouvelle situation de l'évêque. On y lit ceci : « A l'évesque de Beauveais, pour la rente appartenant aux doïen et chapitre

Sceau de la vicomté de Rouen pendant l'invasion anglaise (1).

dudit Beauvais, qu'ils avoient acoustumé prendre en leurs mains sur les halles et moulins de la ville (de Rouen)... laquelle rente a esté donnée audit évesque, entre autre choses, *en récompensacion des fruits et revenus du spirituel et temporel dudit évesché* que tiennent et appliquent à eux lesdits de Beauvais, à présent rebelles et désobéissants (2) ».

Le duc de Bedford ne s'était pas borné à reconstituer les revenus de son évêque favori. Le 15 décembre 1429, il écrivait au pape afin d'obtenir sa translation au siège de Rouen.

Il trouvait souvent l'occasion, d'ailleurs, de le rémunérer largement, suivant l'usage, en le chargeant ou en le faisant charger de missions extraordinaires.

« En 1429, dit M. Ch. de Beaurepaire, il fut envoyé en Angleterre avec le cardinal de Winchester et l'abbé du Mont-Saint-Michel, « pour remontrer l'es-

---

(1) Aux armes écartelées de France et d'Angleterre. (Archives de la Seine-Inf., Archevêché).

(2) De Beaurepaire. *Notes sur les juges et assesseurs,...* p. 15.

« tat et nécessités du royaume de France, la puissance
« des ennemis, afin d'avoir provision et aide de gens
« pour la garde, *tuicion* du royaume... et recouvrer
« les places perdues, pour le bien du Roi et de sa sei-
« gneurie ». Mais, des circonstances imprévues « cer-
« taines grans causes touchant le Roi » (vraisemblablement le siège d'Orléans), obligèrent le cardinal de
Winchester à se rendre avec Cauchon à Paris ; et il n'y
eut à passer en Angleterre, comme ambassadeurs, que
Jean Doule et Jean de Saane, 3 novembre 1429 (1) ».

Il faut rapprocher de ce dire et de ces renseignements, les termes d'une quittance conservée à la Bibliothèque nationale, et qui porte la date du 16 janvier 1429
(n. s. 1430). Elle fut délivrée par l'évêque de Beauvais
à l'occasion d'un voyage en Angleterre auquel il aurait
vaqué depuis le 5 septembre 1429 jusqu'au 9 janvier 1430.

Ce document est assurément l'un des plus curieux
parmi ceux que nous fournit la collection Gaignières (2).
Le fac-simile réduit, qui est reproduit ci-après, porte
la signature : *Petrus episcopus Belvacensis,* en

(1) Arch. de la Seine-Inf., F. Danquin. — *Notes... Ibid.*
(2) Lecture de la quittance :

« Sachant tous que nous Pierre évesque et conte de Beauvais, conseil-
lier du Roy nostre sire confessons avoir eu receu de honnourable home et
sage Pierre Surreau receveur general de Normendie la some de six cens
soixante dix livres tournois qui deue nous estoit de reste par le Roy
nostre dit sire à cause du voyage que nous auons dernierrement fait en
Angleterre en la compaignie de tres reverend père en Dieu mons. le
cardinal d'Angleterre pour les affres et besongnes du Roy nostre dit sire
touchant et regardant son royaume de France. sur lequel voyage pres^t
nous a esté fait par ledit receveur general pour soixante jours entiers

abrégé, et le sceau de Pierre Cauchon, dit sceau *moyen ou scel de chambre* (1).

On peut comparer ce *sceau moyen* (2) avec le sceau d'un acte du 29 juillet 1424, attribué à tort à Pierre

qui montent de dix livres tournois par jour à nous tauxé par les l... dudit seigneur à la somme de six cens livres tournois, et affirmons avoir vacqué audit voyage et à la cause d'icelluy depuis le cinq^me jour de septembre dern. passé jusques au ixme de cest present mois de janvier, l'un et l'autre jours, inclus qui sont six vint sept jours qui montent au prix dessus dit a la some de douze cens soixante dix liures tournois dont nous avons esté paie pour soixante jours qui montent à la some de six cens liures tournois come dit est, et aussi reste ladite some de vi^e soixante dix liures tournois de laquelle nous nous tenons pour content et en quictons le Roy nostre dit Sire ledit receveur general et tous autres a qui quictance en peut et doyt appartenir. En tesmoing de ce nous auons mis a ceste presente quictance nos seing manuel et scel. Donne a Rouen le seix^me jour de januier lan mil cccc vint et neuf.

P. Episcopus Belvacensis.

(1) Par analogie, sans doute, au sceau secret ou particulier dont les rois de France faisaient usage, et qui se conservaient dans la chambre du roi, entre les mains du premier gentilhomme attaché a son service.

(2) Voir aussi page 117. — M. Vallet de Viriville le décrit ainsi : « Sceau de cire rouge, plaqué sur une lemnique de parchemin fournie par la substance de la piece. Il est rond et mesure 4 centimètres de diamètre. Divisé en deux par une traverse horizontale, il présente à la partie supérieure un édicule gothique partagé en trois niches ou compartiments, surmontés de dais, clochetons et pinacles. Dans la niche centrale, on reconnaît saint Pierre, en pape, patron de l'église de Beauvais et de *Pierre* Cauchon. A droite et à gauche, deux autres saints; au-dessous, une voûte d'église ou se voit l'évêque agenouillé : a gauche sont les armes du Chapitre ou de la pairie de Beauvais; a droite, ses propres armes. Légende; S[igillum] *Petri d[e]i gra tia epis'copi] Bel[vacensis]*..... L'effigie de ce sceau paraît être répétée dans le *grand sceau* (exemplaire du Corps législatif). — *Procès de condamnation de Jeanne Darc*, Paris, Didot, 1867, avant-propos XII.)

Signature et sceau manuel (moyen) de Pierre Cauchon, évêque et comte de Beauvais.

Fac-simile réduit d'un tiers d'une quittance du 16 janvier 1429 (1430 n. s.) conservée à la Bibliothèque nationale, Ms. fr. 20881, f° 6.

de Savoisy, et que M. V. Bouton (1), après M. Vallet de Viriville (2), pense être le *grand sceau* de Pierre Cauchon, celui dont l'évêque scella la copie authentique du procès de condamnation de Jeanne d'Arc qui est conservée à la Chambre des Députés (3).

On trouvera, d'ailleurs, plus loin, le *petit sceau* ou *sinet*, dont se servait également l'évêque (4).

Cauchon, qui conservait toujours, on le voit, son titre d'*évêque* et *comte de Beauvais*, reproduit ses titres officiels dans cette quittance du 16 janvier 1429 (1430 n. s.). Il y reconnaît avoir reçu la somme de six cent soixante-dix livres tournois à l'occasion d'un voyage fait en Angleterre, en la compagnie de « très révérend père en Dieu le cardinal d'Angleterre pour les affaires et besongnes du roy ». Il affirme « avoir vacqué aud. voyage et à la cause d'icelluy depuis le cinq^me jour de septembre dern. passé jusques au ixme de cest présent mois (janvier 1430, n. s.) ».

(1) Voir Bouton. *Le sceau de Pierre Cauchon*. — *Annales de la Société d'Arch. de Bruxelles*, t. IV, 1890.

(2) Vallet de Viriville, *Procès de condamnation*, p. 285. — « L'effigie de ce sceau, dit-il, est la même que celle du *sceau moyen* de Pierre Cauchon. Il y a en outre, à la partie supérieure, trois petites niches où se voit la Vierge entre deux anges ? L'inscription est presque entièrement détruite, mais « les bribes qui subsistent semblent toutefois constater l'identité avec le sceau du procès conservé au Corps législatif. Ainsi donc, nous possédons en originaux des empreintes appartenant aux trois types de sceau qu'a employés P. Cauchon. — Voir le grand sceau de l'évêque de Beauvais, p. 49.

(3) M. J. Fabre a fait reproduire en fac-simile les vestiges de sceau que porte encore le précieux manuscrit de la Chambre des députés. (*Procès de condamnation de Jeanne d'Arc.*)

(4) Voir p. 184.

En outre des gages qu'il touchait ainsi, l'évêque de Beauvais conservait, je l'ai dit, ses fonctions de conseiller du roi d'Angleterre, et, par conséquent, la pension de mille livres tournois par an qui lui était assurée de ce chef (1).

Cauchon si bien accueilli à Rouen, où les Anglais avaient établi le siège du gouvernement, y pouvait

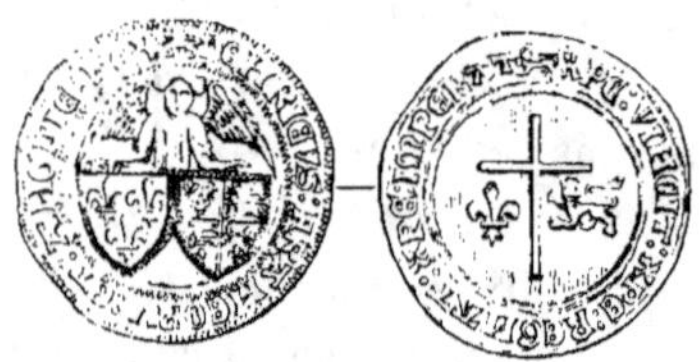

Angelot d'or de Henri VI, frappé à Rouen à partir de 1427.

apprendre chaque jour par les messagers qui apportaient les nouvelles inquiétantes de la Picardie, que ceux de sa ville épiscopale faisaient une guerre sans merci aux partisans d'Angleterre.

En effet, sous la direction du maréchal de Boussac, Beauvais fut le centre des opérations militaires dirigées contre la région normande en 1429, 1430 et 1431. Les patriotes de cette ville sortaient fréquemment et par-

(1) Le dernier jour de janvier 1430 (1431 n. s.), Pierre Cauchon « évesque et conte de Beauvaiz, per de France, vidame de Gerberay, conseiller du roy notre sire », confesse avoir reçu de Pierre Surreau, receveur général de Normandie, la somme de deux cent huit livres, six sols, huit deniers tournois, qui lui était due « à cause des gages ou pensions qu'il prend chaque année du roy. » ms. fr. 20881, f° 61, Bib. nat.). — Voir les lettres données « à Calais le xiiij° jour de may l'an de grace mil quatre cens et trente et de no°° regne le huictiesme », p. 107.

couraient les campagnes du pays de Caux et du Vexin, pillant, rançonnant tous ceux dont ils pouvaient s'emparer. C'est ainsi notamment qu'on voit les chanoines de Rouen prélever quarante livres, le 1er mai 1431, pour la rançon de leur messager Jean Folie, « *pris par les ennemis et mené à Beauvais* ».

Les Anglais, de leur côté, ne se conduisaient pas plus humainement, ainsi que l'attestent des *lettres-royaux* ordonnant « de destrousser et ruer jus à force d'armes, pour en faire si bonne justice que tous autres y prissent exemple, plusieurs Galois, Iroys et autres gens de guerre, etc. »

Cette situation indique quel était l'état des esprits et l'acuité de la lutte engagée aux abords de Rouen vers l'époque où l'infortunée Pucelle était sur le point de tomber aux mains de ses ennemis et d'être amenée en Normandie où l'attendait le martyre.

Cauchon concourait à donner à la politique de ses protecteurs et maîtres une direction énergique, mais on l'utilisait principalement dans les missions diplomatiques.

Il s'était rendu, peu à peu, l'homme nécessaire et même indispensable. J'ai dit comment il avait été choisi précédemment comme intermédiaire entre le pape et le duc de Bedford, pour le règlement des droits du Saint-Siège.

Les Anglais utilisèrent encore ses services pour l'exécution pratique de mesures auxquelles ils étaient largement intéressés.

C'est ainsi qu'il fut chargé de lever sur tout le clergé

de la province de Normandie, trois décimes : un pour le pape, et deux pour le duc de Bedford qui devait les

Commencement d'une bulle du pape Martin V au Chapitre de Rouen, 1430.
(Arch. de la Seine-Inf., G. 3588.)

employer « à la défense du pays et, par espécial, à l'expulsion des adversaires étant en la place du Mont-Saint-Michel ». (1).

D'après M. de Beaurepaire (2), ces deux décimes représentaient une somme de trente mille livres. Cauchon avait accepté la délicate mission d'en opérer la perception (3). Il s'était heurté à de vives résistances

(1) Arch. de la Seine-Inf., G. 1887.

(2) De Beaurepaire, Recherches, p. 55.

(3) Par lettres libellées en latin et que je traduis en partie, du 16 janvier 1429 (1430, n. s.), Pierre Cauchon, « évêque de Beauvais, par la divine miséricorde, exécuteur de certain décime à percevoir sur le clergé du duché de Normandie, agissant au nom de très-illustre prince régent le royaume de France, le duc de Bedford, et commis par l'autorité apostolique », fait savoir qu'il tient quitte de la dite décime le chanoine d'Estivet, qu'il qualifie chanoine prébendé de l'église de Bayeux (m. s. fr. 20881, f° 61, Bib. nat.). Ce chanoine avait été chassé de Beauvais avec l'évêque, et était venu se réfugier à Rouen. Nous le

le 8 juillet 1429, une assemblée du clergé composée
d'évêques, d'abbés, de prieurs et autres gens d'église
avait été convoquée, en la chapelle de l'archevêché,
sous la présidence de Jean Chevrot, vicaire général et
official pour le cardinal de la Rochetaillée. Les députés
y avaient prétendu qu'il n'y avait pas lieu de percevoir
deux décimes parce qu'ils n'en avaient accordé qu'une
seule. En outre, ils s'étaient plaint de ce que Pierre
Cauchon, en fulminant des censures avait manqué à
ses devoirs. Appel de ses sentences et de ses monitions
avait été notifié au pape ou au Concile général qui était
à la veille d'être réuni. Cet appel avait été signifié à
l'évêque de Beauvais par huit chanoines de Rouen, au
nom de tout le clergé de la province.

L'intervention de Cauchon n'était pas faite pour le
rendre bien populaire dans le diocèse.

Le Chapitre qui représentait l'autorité spirituelle à
Rouen, pendant la vacance du siège, n'hésitait pas, on
le voit, à entrer en lutte avec les personnages les plus
puissants, même avec le duc de Bedford soutenu par
l'évêque de Beauvais.

L'opposition que rencontra ce dernier explique le
peu de succès qu'obtint sa candidature au siège de
Rouen.

Le moment était propice, cependant, car si les chanoines avaient obtenu du pape Martin **V** une bulle les
autorisant à nommer un évêque (septembre 1430 ou
environ) au lieu et place du cardinal de la Roche-

retrouverons au procès de Jeanne d'Arc où il remplit l'office de promoteur et se fit remarquer par ses grossières invectives envers l'héroïne.

taillée, les Anglais qui soutenaient ce dernier essayaient de le maintenir malgré tout sur le siège de Rouen.

D'un autre côté, le bruit s'était bien répandu qu'il ne tenait qu'à l'évêque de Therouenne, Louis de Luxembourg, d'être nommé à l'archevêché, mais ce dangereux concurrent s'était dérobé. Il n'est pas douteux, dit M. de Beaurepaire (1), que ce prélat, alors chancelier de Henri VI et l'un des hommes les plus marquants du parti anglais, n'eût été agréé par les chanoines. Ils avaient fait des démarches pour le dé-

Sceau du chapitre de Rouen.

terminer à consentir à sa translation au siège de Rouen, mais ils n'avaient pu y réussir. Il est probable que les embarras suscités au cardinal de la Rochetaillée lui avaient donné à réfléchir. Il pouvait craindre, en effet, de subir le même sort, s'il parvenait lui-même à la dignité du cardinalat à laquelle il paraissait désigné par ses hautes fonctions et par la faveur dont il jouissait tant à la cour de Rome qu'auprès du gouvernement anglais.

Cauchon ne put, cependant, profiter de circonstances aussi favorables malgré tout son crédit, et malgré le service signalé qu'il allait être appelé à rendre au Régent en instruisant contre la Pucelle.

(1) *Recherches sur...*, p. 54.

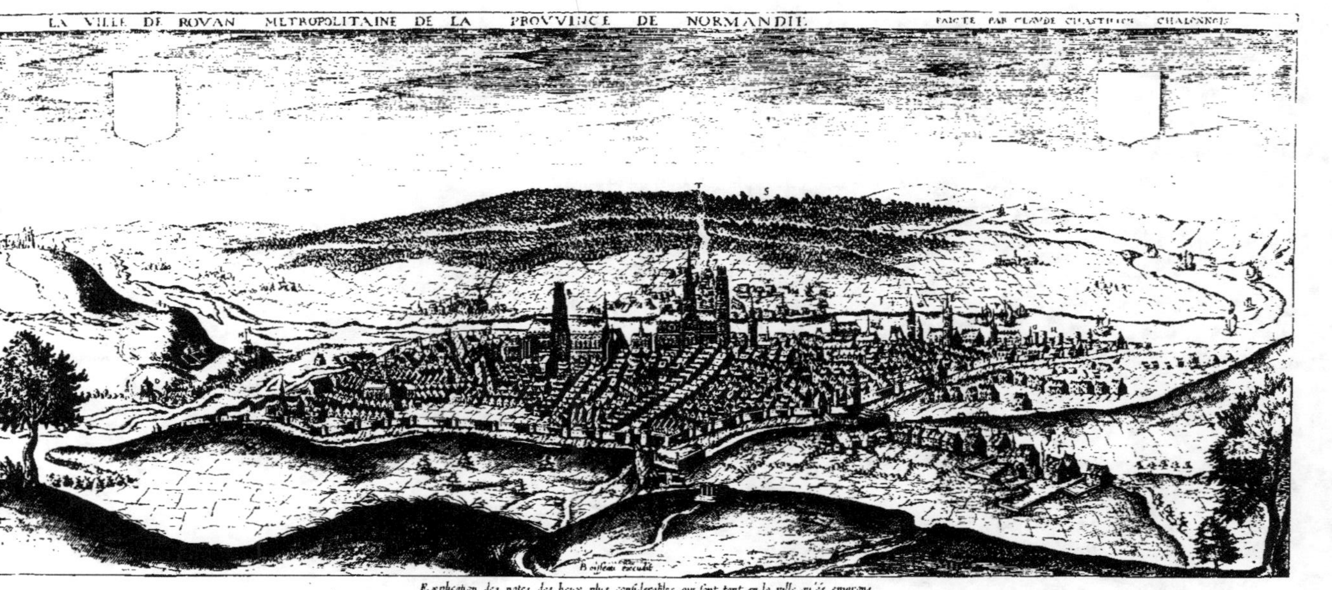

Vue de Rouen par le géographe Chastillon. — Réduction en fac-simile de l'original.

(Cette vue est prise du côté où Jeanne d'Arc fut introduite dans le château).

En effet, après l'avoir recommandé très vivement au pape, avant la prise de l'héroïne, Bedford n'insista plus lorsque son protégé se trouva en conflit avec le Chapitre de Rouen.

Les chanoines ne pensaient nullement à élever Cauchon à cette haute dignité, car s'ils n'avaient eu qu'à se louer de lui dans le procès qu'ils avaient intenté au cardinal de la Rochetaillée, le rôle qu'il avait assumé dans l'affaire des décimes, en fulminant des censures, avait provoqué contre lui une sourde irritation et l'avait exposé à de violentes récriminations.

Le Régent, qui ménageait avec le plus grand soin les susceptibilités du clergé normand, dut abandonner son projet sans hésitation, malgré la grande confiance qu'il avait en Pierre Cauchon, dès qu'il eut lieu de craindre de s'aliéner, en le soutenant, les sympathies du Chapitre de la cathédrale.

Il lui promit, sans doute, d'autres compensations, mais nous verrons plus tard que, par un juste retour des choses, le juge de Jeanne d'Arc n'obtint que le maigre évêché de Lisieux, pour prix de son odieuse besogne.

On a justement signalé cette attitude indépendante et courageuse des chanoines de Rouen, en présence de l'ennemi qui occupait si fortement la ville de Rouen ; malheureusement, ce corps considérable, si énergique et si tenace dans la défense de ses intérêts pécuniaires, devait cependant accorder bientôt au même Cauchon, agissant pour le compte des mêmes Anglais, cette concession de territoire, cette compétence — comme nous

104

dirions aujourd'hui, — qui lui faisait défaut pour or-
ganiser à Rouen un tribunal ecclésiastique et y juger
la Pucelle !

§ 3. — PRISE DE LA PUCELLE ET PRÉLIMINAIRES
DU PROCÈS.

Le temps approchait, en effet, où l'héroïne, après
avoir menacé Paris (8 septembre 1429), allait tomber
aux mains de ses cruels ennemis, et passer, de la délivrance d'Orléans et des pompes du sacre, au bûcher de
Rouen !

Ce fut le 24 mai 1430, quinze mois après son départ
de Domremy, qu'elle fut prise sous les murs de Compiègne. Surprise par des forces supérieures pendant
une sortie sur Marigny et Clairoix, elle combattit
avec acharnement, mais au moment où elle arrivait au
fossé du boulevard dont l'entrée avait été close, elle
fut prise et jetée à terre par un archer picard, attaché
à la lance du bâtard de Wandonne, lequel était lui-
même lieutenant de Jean de Luxembourg, vassal du
duc de Bourgogne.

Les Anglais firent éclater bruyamment leur joie
lorsqu'ils apprirent la prise de Jeanne. Ils en furent
« moult resjouys, dit Jean de Wavrin, voire plus que
d'auoir prins chinq cents combattants » (1). Le duc de

_____

(1) *Anchiennes croniques d'Engleterre* (ms. fr., Bib. nat.).

Bourgogne se hâta d'accourir des villages voisins et alla visiter la prisonnière. Monstrelet, témoin de cette entrevue, atteste la joie exubérante des Bourguignons et des Anglais, « car ils n'avaient jamais, dit-il, redoute un capitaine ou chef d'armée, autant que cette pucelle ».

Quelques jours après, Jeanne fut conduite au château de Beaulieu d'où elle faillit s'évader. Jean de Luxem-

« Comment la Pucelle fut prinse devant Compiégne. »
(*Vigilles de Charles VII*).

bourg, qui en avait la garde, la fit ensuite conduire au château de Beaurevoir, près Cambrai (août 1430) où elle reçut notamment la visite de Pierre Cauchon, auquel on avait immédiatement pensé pour négocier sa vente aux Anglais et la faire ensuite condamner par un tribunal ecclésiastique.

De Beaurevoir, elle fut bientôt menée à Arras et, de

106

là, par Drugy, au Crotoy où elle devait être livrée aux Anglais par les officiers du duc de Bourgogne.

Bedford qui se trouvait à Rouen lorsque la Pucelle fut capturée, n'avait pas perdu un instant pour s'assurer de la personne de celle qui avait mis en déroute les armées anglaises.

Il faut reconnaitre, d'ailleurs, avec M. de Beaurepaire, « que le premier coup qui fut dirigé contre l'infortunée prisonnière, vint de l'Université, et par la rapidité avec laquelle il fut porté, on peut juger que cette corporation puissante n'avait point eu besoin d'être excitée par les menaces des Anglais, ni même par les exhortations de Cauchon » (1). Ce fut elle qui appela la première les rigueurs de l'Inquisition sur la tête de la Pucelle, et comme le remarque justement Quicherat (2), l'idée de la faire succomber devant l'Eglise se produisit spontanément, non pas dans les conseils du gouvernement anglais, mais dans les conciliabules de l'Université de Paris (3).

Dès que la nouvelle de la prise de Jeanne lui était parvenue, son greffier avait écrit au duc de Bourgogne, au nom et sous le sceau de l'Inquisiteur de France, pour le sommer de la faire « citer à droit » devant ledit Inquisiteur, et pour répondre « au bon conseil, faveur et aide des bons docteurs et maîtres de l'Université ».

(1) *Recherches....* p. 67.

(2) Quicherat. *Aperçus nouveaux....* pp. 96-98.

(3) Voir sur ce point l'étude du P. Deniffle sur le *Procès de Jeanne d'Arc et l'Université de Paris* (*Mémoires de la Société de l'Histoire de Paris et de l'Ile de France*, t. XXIV, p. 1.)

En même temps, les Anglais qui désiraient violemment se débarrasser de la Pucelle, profitèrent de l'appoint considérable que leur offrait l'Université. Ils estimèrent néanmoins qu'il était plus sûr de faire diriger la cause par un homme qui leur fût tout dévoué, que de s'en remettre aux sentiments hostiles, mais mobiles, de tout un corps, et ils résolurent de charger l'évêque de Beauvais (1), de mettre à exécution l'idée de l'Université (2).

Ils l'engagèrent d'abord à se concerter avec elle pour obtenir que Jeanne fût remise aux Anglais par le duc de Bourgogne et par Jean de Luxembourg qui l'avait prise.

Cauchon reçut deux lettres rédigées, l'une pour le duc de Bourgogne, l'autre pour le comte de Luxembourg. Ces deux seigneurs étaient priés et même sommés de remettre la prisonnière à l'évêque de Beauvais,

(1) Quelques jours avant la prise de la Pucelle, Henri VI, par lettres datées de Calais le 14e jour de mai 1430, avait confirmé Pierre Cauchon dans son office de conseiller : « Henry par la grâce de Dieu, roy de France et d'Angleterre, à tous ceux qui ces présentes lettres verront, salut. Savoir faisons que pour considéracion des bons et loyaulx services que révérend père en Dieu, notre amé et féal conseiller l'évesque de Beauvais a fait à feu notre très-cher seigneur et père *cui* Dieux pardonne, et à nous aussi, depuis le traictié de la paix final de nos royaumes de France et d'Angleterre jusques à présent en nos conseils et autres besognes et affaires, icellui par l'advis et délibéracion des gens de notre grant conseil estans par devers nous, avons continué et continuons en office de notre conseiller... aux gages ou pension de mil livres tournois pour chacun an..... Donné à Calais, le xiiiie jour de may, l'an de grâce mil quatre cens et trente et de notre règne le huictiesme. (Ms. fr. 20881, *Bib. nat.*)

(2) Quicherat. *Ibid*.

108

« car elle avoit outre mesure offensé l'honneur de Dieu,
blessé la foi et souillé horriblement l'Eglise. Par son

Signature de Jean de Luxembourg.

fait, l'idolâtrie, les erreurs, les fausses doctrines,
avaient envahi ce royaume. En conséquence, de mémoire d'homme, jamais un plus grand affront n'aurait
été fait à la sainteté ni plus grand dommage porté à la
France, si on la laissait criminellement échapper ».

Muni de ces lettres, Pierre Cauchon se rendit à
Compiègne le 14 juillet 1430. Là, au milieu d'une
assemblée solennelle, en présence d'une foule de chevaliers et de gentilshommes, il réclama la prisonnière
comme ayant été prise dans le diocèse de Beauvais et
se trouvant soumise à sa justice.

Il eut même recours, pour vaincre toute hésitation,
à la sommation bien connue qu'il avait rédigée par
l'ordre des Anglais, pour obtenir la remise de la
Pucelle (1).

L'évêque avait donc recours aux moyens extrêmes
puisqu'il invoquait au besoin la coutume féodale qui
donnait effectivement au roi le droit de racheter tout
prince par une somme de dix mille livres, pour le

(1) Vallet de Viriville. *Procès de Condamnation...*, p. 10. — Du
Fresne de Beaucourt, *Hist. de Charles VII.* t. II, p. 243.

remettre en liberté. Le but qu'il poursuivait était non
pas d'obtenir la libération de la prisonnière, mais une

Jean de Luxembourg qui négocia, avec Pierre Cauchon.
la vente de la Pucelle aux Anglais. (Ms. fr. 2678, Bibl. nat.).

nouvelle captivité et les rigueurs d'un tribunal inquisi-
torial.

La somme de dix mille livres que Cauchon avait
reçu mandat d'offrir, était énorme pour le temps, et

(1) La sommation ne portait que trois articles ou *item*. Il est probable,
dit M. Vallet de Viriville, que les articles ou exigences avaient été réduits
de cinq à trois.

devait avoir raison des scrupules du sire de Luxembourg. Les Anglais avaient pris leurs mesures pour se
la procurer et, comme ils manquaient d'argent, Bedfort la fit voter par les Etats de Normandie tenus à
Rouen le 4 août 1430 (1).

Les délégués « accordèrent 10,000 l. pour l'achat de
Jehanne la Pucelle, que l'on disoit estre sorcière, personne de guerre conduisant les ost du Dauphin ». Cette
somme fut comprise dans l'aide des cent vingt cinq
mille livres votées par les Etats et dont partie était destinée au siège projeté de Louviers (2).

Si Pierre Cauchon ne fut pas le seul intermédiaire
mis en mouvement par le duc de Bedford pour négocier
l'achat de la Pucelle, et s'il est exact comme le rapporte assez vraisemblablement un chroniqueur (3)
qu'on fit agir auprès de Jean de Luxembourg le propre
frère de celui-ci, l'évêque de Therouenne, chancelier
de France « pour le roy Englois », l'évêque de Beauvais n'en fut pas moins l'agent officiel du gouvernement anglais, invoquant sa qualité et son droit
d'évêque de Beauvais pour réclamer l'illustre prisonnière.

(1) Le 6 décembre 1430, Thomas Blount reçut par *Jehan Bruyse,
escuyer, garde des coffres du roy*, de Pierre Surreau, receveur général
de Normandie..., 2636 nobles d'or... « *pour avoir Jehanne qui se dit la
Pucelle*, prisonnière de guerre ». (J. Félix, *Invent. de Pierre Surreau*,
p. 149).

(2) De Beaurepaire, *États de Normandie sous la domination
anglaise*, p. 40.

(3) *Chronique de Perceval de Cagny*, xve siècle (Quicherat. *Procès*,
t. IV, p. 35.

D'après O'Reilly, il dut toucher en dehors de son traitement ordinaire, pour cette mission, 1530 livres tournois. ce qui porterait à plus de cent mille francs de notre monnaie les sommes qui lui furent payées jusqu'à la fin du procès (1). Malgré l'importance de ces gages, M. de Beaurepaire estime qu'on s'est récrié à tort sur la quotité des sommes allouées à l'évêque de Beauvais. Ces gages, dit-il, n'avaient rien d'extraordinaire, quand on les compare à ceux des officiers du roi. « Cauchon envoyé à la cour du duc de Bourgogne, pour négocier l'achat de la Pucelle, touchait en réalité l'indemnité habituelle des ambassadeurs (2) ».

Il faut reconnaître, d'ailleurs, que l'évêque de Beauvais, devenu tout à coup le personnage le plus utile à la politique des Anglais, ne marchanda aucune démarche, aucune marque de zèle et de dévouement.

Une quittance originale, conservée à la Bibliothèque nationale, rappelle et précise les divers déplacements qu'il fit à l'occasion de la prise de la Pucelle et de sa remise aux Anglais On le voit se rendre successivement à Calais (3); ensuite, à Compiègne, vers le duc de Bourgogne ; puis à Beaurevoir où sa future victime était emprisonnée. Cet important document est libellé en ces termes : « Nous, Pierre, évesque et comte de Beauvaiz, per de France, vidame de Gerberoy, conseiller du roy nostre sire, confessons avoir eu et receu de

(1) *Les deux procès de condamnation...* t. I. p. 41.

(2) *Recherches...* p. 106.

(3) Le jeune roi Henri VI y était arrivé depuis le mois d'avril et devait faire bientôt son entrée solennelle à Rouen.

Pierre Surreau, recevear général de Normandie, la
somme de sept cens soixante cinq livres tourn. qui
deue nous estoit pour sept vingt et treize jours que
nous affermons avoir vacquez au service du roy
nostre sire et pour ses affaires, tant *en la ville de
Calaiz* come en plusieurs voiages *en allant deuers
monseigneur le duc de Bourgogne et deuers messire Jehan de Luxembourg, conte de Guise en*

Salut d'or de Henri VI, frappé à Rouen à partir de 1425.

*flandres, au siège deuant Compiengne, à Beaure-
voir pour le fait de Jehanne que lendit la Pucelle,*
come pour plusieurs autres besongnes et affaires du roy
nostre sire et aussi en la ville de Rouen par l'ordonnance et commandement du roy nostre sire et de son
grant conseil, iceulx vij^{xx}xiii jours comence le premier jour de may cccc xxx et finicanz le derrenier
jour de septembre..... En tesmoing de ce nous auons
mis à ces pûtes notre signet et seing manuel le dern.
jour de janvier l'an mil cccc et trente (1). »

(1) Ms. fr. 20881, Bibliothèque nationale. — Il est utile de rapprocher
de cette quittance un document qui paraît corroborer les démarches
faites par Pierre Cauchon en ces mémorables circonstances, son absence
de Rouen et son retour en cette ville, après l'accomplissement de sa

Rentré à Rouen après ces laborieuses démarches, l'évêque de Beauvais continua activement les préparatifs du sombre drame dont la capitale normande allait devenir le théâtre. Il ne se pressait pas assez, sans doute, au gré de l'Université qui obsédait le roi d'Angleterre de ses objurgations et le taxait lui-même de lenteur.

Elle insistait aussi pour que le procès fut fait à Paris par l'évêque de Beauvais : « deprions très-acertes vostre haute excellence, que icelle femme vous plaise ordener estre mise briefvement ès mains de la justice de l'Eglise, c'est-à-dire *de révérent père en Dieu nostre honoré seigneur l'évesque et conte de Beauvais, et aussi l'inquisiteur ordené en France...* »

Elle se plaignait à Pierre Cauchon de la lenteur apportée à l'organisation du procès : « Monseigneur, nous voyons avec un extrême étonnement l'envoi de cette femme, vulgairement appelée la Pucelle, se différer si longuement au préjudice de la foi et de la juridiction ecclésiastique, etc. »

Les docteurs de l'Université ambitionnaient l'honneur du procès de foi qui devait permettre de transformer la libératrice du territoire en une vulgaire sorcière frappée par l'Eglise, mais le Régent, peu sûr de Paris, préférait qu'il fut organisé à Rouen où nous trouverons bientôt réunis autour du roi enfant les personnages les plus influents de la cour d'Angleterre.

mission. C'est une lettre de Catherine, reine d'Angleterre, datée du 31 décembre 1432 et qui est conservée à la Bibliothèque nationale dans le ms. lat. 17026, f° 140.

La combinaison d'un procès de foi devait avoir pour résultat d'ôter à la mission de la Pucelle le caractère merveilleux que le peuple lui attribuait, et de ramener, peut-être, la victoire du côté des capitaines anglais terrifiés et découragés. Elle révèle toute l'habileté de ceux qui l'avaient conçue.

L'évêque de Beauvais qui avait qualité pour en poursuivre l'exécution, se trouvait, du même coup, chargé d'une affaire politique de la plus haute importance. La croyance répandue parmi les partisans du dauphin que la Pucelle était inspirée par Dieu avait pour conséquence, en effet, de faire considérer la conquête comme illégale, et impliquait la culpabilité de ceux qui s'étaient ralliés au parti bourguignon confondu avec le parti anglais. Les Anglais comptaient sur Cauchon pour détruire cette croyance et transformer la noble fille en une aventurière qui n'avait reçu d'autre inspiration que celle du diable.

L'évêque de Beauvais paraissait saisi régulièrement de la cause, puisque Jeanne avait été prise dans les limites de son ancien évêché dont il restait toujours le titulaire légitime, bien qu'il en eût été chassé par ses diocésains. Evêque sans territoire ni clergé, il pouvait néanmoins se constituer un tribunal qui ne semblât pas être un tribunal d'exception (1).

Cauchon hâtait les dernières négociations, car sa victime avait été remise aux Anglais qui l'avaient fait conduire, sous bonne escorte, du Crotoy, par Saint-

---

(1) Quicherat. *Aperçus nouveaux...* p. 99.

Valery-sur-Somme, Eu et Arques, à Rouen où sa prison
avait été préparée dans une tour du vieux château que

Tour du Vieux-Château où fut emprisonnée la Pucelle.
(*Livre des Fontaines*, 1525.)

Philippe-Auguste avait fait construire au nord de la
ville.

Ce fut dans les derniers jours de décembre 1430 que

l'infortunée prisonnière arriva sous les murs de Rouen.

La sombre forteresse où devait se dérouler le procès, et dont le *Livre des Fontaines* (1) nous a laissé une vue saisissante, était entourée de fossés profonds, flanquée de six tours, plus une demi-tour, et défendue par le donjon qui subsiste encore de nos jours.

On la conduisit dans celle des tours de la *porte des champs* qui était la plus rapprochée du donjon, c'est-à-dire dans la tour *vers les champs*.

C'était une haute tour à toit pyramidal, qui présente quatre ouvertures sur le plan de Jacques-le-Lieur (2). C'est dans cette tour, au milieu de ses plus cruels ennemis, que Jeanne d'Arc devait subir sa longue détention, Cauchon n'ayant pas exigé alors, pas plus qu'il ne l'exigea plus tard, malgré les justes réclamations de sa victime, qu'elle fût transférée dans les prisons de l'officialité, c'est-à-dire de la juridiction ecclésiastique dont elle était justiciable.

(1) *Les derniers souvenirs de Jeanne d'Arc à Rouen*, 1898, p. 13.

(2) Ms. de 1525 à l'Hôtel-de-Ville de Rouen. — La chambre qu'occupa Jeanne, et dans laquelle Pierre Cauchon l'interrogea fréquemment, devait se trouver à la hauteur des premières fenêtres.

CHAPITRE QUATRIÈME.

Le Procès de la Pucelle à Rouen. — Attitude et responsabilité de Pierre Cauchon dans les diverses phases de ce procès. — L'évêque menace Jeanne de la torture. — Le cimetière de Saint-Ouen. — Condamnation et supplice de l'héroïne.

§ 1ᵉʳ. — LE PROCÈS DE LA PUCELLE.

Sceau moyen de Pierre Cauchon.
(Acte de 1430.)

Une dernière et grave difficulté restait à résoudre, avant qu'un tribunal ecclésiastique pût être constitué régulièrement à Rouen, sous la présidence de Pierre Cauchon.

La Pucelle, prise sur le territoire de Beauvais, était bien justiciable de l'évêque, mais celui-ci ne pouvait exercer sa juridiction à Rouen sans l'autorisation de l'archevêque. Or, le siège archiépiscopal était vacant, je l'ai dit, par la translation au siège de Besançon du cardinal de la Rochetaillée, dont le successeur, Hugues d'Orges, ne devait faire son entrée à Rouen qu'après le procès et le supplice de l'héroïne.

C'était donc le Chapitre de Rouen qui pouvait autoriser Pierre Cauchon à introduire et à suivre la procédure qu'on projetait contre la prisonnière des Anglais.

118

Sollicités d'accorder à l'évêque de Beauvais la compétence territoriale qui lui manquait, les chanoines se
montrèrent d'abord hésitants. Leur situation était assez
critique.

Depuis que Paris avait été livré au duc de Bourgogne (octobre 1429), tous les Anglais en étaient sor-
tis et s'étaient repliés sur Rouen. Ils y étaient venus,
dit le chroniqueur normand, Pierre Cochon, *par
terre et par eaue, et amenoient leurs bagages et
tout ce qu'ils y avoient; c'est assavoir l'évesque de
Wincestre qui étoit cardinal et avoit autant de gens
d'armes comme ledit duc de Bedford, et entrèrent
par la porte Martainville.*

Après le Régent, les prélats et les grands seigneurs
anglais, Rouen avait vu dans ses murs le jeune monarque Henri VI, qu'on avait fait venir d'Angleterre
pour le faire couronner à Paris, et que Pierre Cauchon
était allé chercher à Calais.

Le roi-enfant avait été reçu à Rouen et avait pris son
logis, avec sa cour, au Vieux-Château où il devait
séjourner auprès de l'infortunée Pucelle pendant toute
la durée du procès.

Peut-être faut-il attribuer à ce concours de circonstances, à l'influence de l'Université, aux instances et
aux flatteries du duc de Bedford, la faiblesse du Chapitre presque entièrement renouvelé, d'ailleurs, depuis
l'occupation anglaise, et dont la plupart des membres
devaient leur haute situation aux envahisseurs.

Le 28 décembre 1430, il se décidait à accueillir favo-
blement la requête de l'évêque de Beauvais, et prenait

une délibération qui rendait ce prélat maître de la situation.

Ce factum reflète bien l'idée dominante des persécuteurs dans le procès qu'ils avaient conçu, et continue la série des formules, régulières en la forme, mais hypo-

Sceau de Henri VI, roi d'Angleterre, 1430 (1).

crites et mensongères au fond ; des imputations sciemment malveillantes visant la Pucelle, que l'on retrouvera à chaque pas, dans les multiples séances du procès présidées par Cauchon.

Il m'a toujours paru que cette délibération du Cha-

(1) Légende : « *Henricus Dei gratia Francorum et Angliæ rex.* (Henri, par la grâce de Dieu, roi de France et d'Angleterre).*

120

pitre de Rouen était comme la sentence de mort anticipée de Jeanne d'Arc.

On peut dire, en effet, qu'en rendant celle-ci justiciable de Pierre Cauchon, les chanoines la livraient en réalité aux Anglais qui avaient juré, sous les murs d'Orléans, de la brûler comme sorcière, s'ils venaient à la prendre !

Le Chapitre n'avait pu faire moins, sans doute, pour ce puissant duc de Bedford, ce « *frère, fils et oncle de rois* », comme il se qualifiait pompeusement, qui venait, pour le flatter, de se faire recevoir en grande pompe au nombre de ses membres.

« En ce jour solennel, porte le procès-verbal, il vint très dévotement à cette église, lequel avec joie fut reçu par révérend Pierre, évêque de Beauvais et pair de France, revêtu de ses ornements pontificaux (1).

La fête était bien pour flatter l'amour-propre des chanoines et de l'évêque de Beauvais qui pontifiait ainsi devant une foule d'abbés, de prieurs, d'ecclésiastiques, de chevaliers, d'écuyers, de dames et de demoiselles ».

On s'explique facilement l'influence que le Régent du royaume de France, devenu chanoine de Rouen, devait exercer sur ses collègues, et l'impossibilité où se trouvaient ceux-ci de lui refuser la concession de territoire qu'il faisait solliciter par l'évêque. Peut-être

(1) Le texte du procès-verbal a été publié *in-extenso* par M. Ch. de Beaurepaire, dans son *Mémoire sur les fondations pieuses du duc de Bedford*, p. 34 de l'Extrait. — M. Bouquet, dans sa belle édition des *Tombeaux de la Cathédrale de Rouen*, a finement souligné l'attitude du Régent faisant porter sa chape devant lui.

même n'en fallait-il pas tant pour gagner ces chanoines qui avaient été nommés en partie par le gouvernement anglais, en vertu du droit de régale, et avaient remplacé d'anciens confrères restés fidèles à leur roi et à leur patrie !

Quoi qu'il en soit, Pierre Cauchon, constitué juge de la Pucelle, devenait pour ainsi dire l'arbitre des destinées de la conquête. Il allait enfin pouvoir donner libre cours aux sentiments de haine et de vengeance qu'avait dû faire naître en son cœur sa fuite honteuse de Beauvais.

Quel brillant avenir ne pouvait-il pas espérer, lui qui ambitionnait le siège archiépiscopal de Rouen, s'il réussissait dans cette partie suprême engagée pour le compte des Anglais et dont l'enjeu était le rétablissement de leur domination en France, que la Pucelle avait si gravement compromise.

Je ne puis, dans cette étude, refaire le récit de ce mémorable procès, œuvre néfaste qui ne fut qu'un tissu de formules apparemment régulières, de pièges tendus à l'innocence et à l'ignorance, de mensonges, d'infamies : et qui se poursuivit sous la direction implacable de ce prélat auquel l'énergique jeune fille lança cette apostrophe finale qui devait être sa condamnation à lui-même :

« Evêque, je meurs par vous ! »

Je me bornerai à en rappeler les diverses phases et à mettre en relief les principaux actes de Pierre Cauchon (1).

(1) Voir *Jeanne d'Arc et la Normandie au* XVe *siècle*, p. 319.

Les vieilles rues de Rouen sont encore remplies des
souvenirs de ce drame émouvant et du triste personnage qui en assuma la responsabilité.

On pourrait presque se faire illusion, de nos jours, et

Ancien archevêché de Rouen (chapelle des ordres, officialité
et maisons canoniales). *Livre des Fontaines*, 1525,

reconstituer, par la pensée, un quartier de l'antique cité, au temps de Jeanne d'Arc. Il suffit de traverser cette rue Saint-Romain restée si pittoresque avec ses maisons gothiques, et de s'arrêter devant ces sombres constructions de l'ancienne Officialité, où l'héroïne aurait dû être emprisonnée et subir ses interrogatoires, près de cette chapelle des Ordres où l'arrêt de mort fut prononcé contre elle.

C'est dans cette rue et dans les *ruelettes*, ou rues voisines, habitées par les chanoines, notaires, avocats ou greffiers en cour d'église, que circulaient le plus souvent les complices de Cauchon.

Le *Livre des Fontaines* nous en a conservé un curieux dessin qui permet de constater que la partie de cette rue qui longe l'archevêché n'a guère changé depuis cette époque, à partir de la tourelle qui y est figurée, jusqu'à la vieille maison gothique qui fait saillie, et que la pioche des démolisseurs a si longtemps menacée.

A quelques pas, et parallèlement, se trouve la rue Saint-Nicolas, reliée à la rue Saint-Romain par le *passage des Chanoines*, ruelle étroite et obscure, qui n'a pas encore perdu actuellement, dans tout son parcours, son cachet du moyen âge.

C'est de ce côté, précisément, que Pierre Cauchon avait élu domicile, et qu'il devait résider pendant la durée du long et douloureux procès qu'il se préparait à engager.

La maison qu'occupait l'évêque de Beauvais était celle de Me Jean Rubé, curé de la paroisse Saint-Nicolas dont l'église était située dans la rue de ce nom.

Ce curé, par suite du cumul des bénéfices ecclésiastiques alors en vigueur, appartenait en même temps au Chapitre. On est surpris de ne pas le trouver parmi les chanoines qui siégèrent au procès.

Il donna l'hospitalité à Cauchon pendant tout le cours de cette longue procédure.

Sa maison se trouvait dans le voisinage de l'église, dont on remarque encore quelques vestiges dans la cour de l'immeuble devenu depuis peu l'Hôtel des Ventes. La partie la plus intéressante de ces restes se trouve dans le passage Remy, cette autre *ruelette* qui reste comme un dernier souvenir du quartier fréquenté par les ennemis les plus acharnés de la Pucelle.

C'est là que Pierre Cauchon réunit d'abord ses premiers complices, ceux sur la complaisance desquels il comptait absolument; là encore qu'il reçut le serment des personnages qui devaient remplir les principaux rôles au procès; là aussi qu'il essuya le premier refus de Jean Le Maître, du couvent des Dominicains de Rouen, qui remplissait alors les fonctions de vice-inquisiteur, et qui tenta d'abord d'esquiver la besogne qu'on voulait lui imposer.

L'évêque de Beauvais avait utilisé les retards que ces premiers conciliabules apportèrent à l'ouverture officielle du procès.

Pendant ces préliminaires, en effet, il avait fait procéder à une enquête à Domrémy, par un bourgeois de de Rouen, Jean Moreau, dans l'espérance que celui-ci en rapporterait des informations susceptibles de favoriser ses détestables projets.

Derniers vestiges de l'église Saint-Nicolas à Rouen (passage Remy),
et anciennes constructions du quartier habité par Pierre Cauchon, pendant le procès
de la Pucelle.

126

Mais l'enquêteur ne recueillit que des témoignages
favorables. Il les rapporta exactement à l'évêque qui,
désappointé, le traita de traître et de misérable, *malus
et proditor*, puis refusa finalement de l'indemniser de
ses frais de voyage.

Cauchon, a-t-on dit, se garda bien de communiquer
cette enquête au tribunal ecclésiastique. Le greffier
Manchon et Thomas de Courcelles se défendirent plus
tard de l'avoir vue ou lue.

On a écrit récemment que cette dissimulation de témoignages favorables aurait eu pour conséquence de
laisser les maîtres de l'Université de Paris qui siégèrent
au procès, sous l'influence de la mauvaise opinion
qu'ils avaient eue de la Pucelle dès l'origine, notamment lors de sa tentative sur Paris.

On a même essayé de dégager quelque peu de ce chef,
la responsabilité des docteurs parisiens (1).

Mais, M. Ch. de Beaurepaire ne paraît pas admettre
ce reproche de dissimulation qui laisse de côté le promoteur de la cause. Dans ces sortes de procès, dit-il,
on passait sous silence les noms des personnes qui
avaient déposé, « *propter periculum quod protunc
videbatur innuere* (2). D'ailleurs, comme le remarque

(1) *Le procès de Jeanne d'Arc et l'Université de Paris*, par Denifle
et E. Chatelain. *Mém. de la Soc. de l'Hist. de Paris*, année 1897,
p. 8. — Pourtant, les auteurs de cette étude reprochent aux maîtres de
l'Université d'avoir jugé légèrement, et même imprudemment, ce procès
au cours duquel « ils firent assez souvent des interrogations perfides, non
pour pénétrer la vérité, mais pour tendre un piège à Jeanne. » (*Ibid.*,
p. 10.)

(2) *Recherches*, pp. 110-111.

Quicherat, la sentence portée contre Jeanne d'Arc n'a pas eu pour base les dires des témoins, mais les paroles tirées de sa bouche dans le cours du jugement. Il semble donc qu'il fût inutile de surcharger l'instrument du procès (1).

§ 2. — ATTITUDE ET RESPONSABILITÉ DE PIERRE CAUCHON DANS LES DIVERSES PHASES DU PROCÈS.

Le procès commença officiellement le 9 janvier 1431 (2).

Pierre Cauchon s'ingénia, dès le début, à lui donner toute la solennité possible et toutes les apparences de la légalité. C'est en ce sens qu'il faut entendre le désir par lui manifesté de faire un *beau procès*, c'est-à-dire un procès d'après les formes requises.

Sa partialité éclata, dès le début, quand on le vit choisir avec soin ceux qui devaient concourir à l'œuvre d'iniquité, et écarter systématiquement le doyen des évêques de Normandie, Jean de Saint-Avit, qui avait

(1) Comp. Quicherat, *Aperçus nouveaux*, pp. 118-120.

(2) J'ai déjà dit que les gages alloués à Cauchon par les Anglais, pour le procès, n'étaient pas plus importants que ceux alloués ordinairement aux officiers du roi. Mais ce qu'on doit retenir comme extraordinaire, c'est qu'un procès tout *ecclésiastique* ait été instruit *aux frais du roi d'Angleterre*. Cela suffit à démontrer l'intérêt trop visible que le gouvernement anglais prenait à ce procès. Ne fallait-il pas aussi venir en aide à Pierre Cauchon, évêque sans diocèse et privé par les Français de tous les revenus de son bénéfice ?

été chargé de la célébration des ordres dans le diocèse, en l'absence de l'archevêque, et qu'on soupçonnait d'appartenir au parti de Charles VII (1).

Cauchon voulait, cependant, sauver les apparences et enlever à ses adversaires un prétexte de l'accuser d'avoir transformé un procès de foi en procès politique. C'est ce qui explique le soin qu'il mit à éloigner du procès

Le Vieux-Château de Rouen où siégea le tribunal ecclésiastique.
(Plan de Belleforest.)

(1) Une autre illégalité grave, déjà relevée, avait été de livrer immédiatement la Pucelle aux Anglais, en la laissant emprisonner au Vieux-Château, au lieu de la faire conduire aux prisons de l'Officialité, puisqu'elle était justiciable de la juridiction ecclésiastique. Malgré les motifs d'atténuation qu'on a tenté d'invoquer, sur ce point, en faveur de P. Cauchon, il faut reconnaître que ce fait est d'autant plus regrettable qu'il priva Jeanne de toute communication avec les personnes qui auraient pu l'aider de leurs conseils, et qu'il permit aux Anglais de ne laisser pénétrer au-

les maîtres et docteurs d'Angleterre qui se trouvaient à Rouen (1).

Du 21 février au 3 mars 1431, l'évêque de Beauvais procéda à six interrogatoires dits *publics*, parce qu'ils avaient lieu en présence de tous les assesseurs.

Pour bien comprendre la grande intelligence, la souplesse et la perversité de cet homme, dans la circonstance, il faudrait parcourir toutes les phases de ce procès mémorable auquel prirent part effectivement cent treize personnes (2), et dont l'histoire, vulgarisée par les Michelet, les Quicherat, les Vallet de Viriville, les Wallon, les Siméon Luce, les J. Fabre, et tant d'autres, est maintenant dans la mémoire de tous.

Il faudrait le suivre, soit dans la prison de sa victime, soit dans les salles du Vieux-Château de Rouen, où il présidait les séances, à la tête de cette meute de docteurs traîtres à la royauté légitime, de grands abbés, de prieurs, de chanoines vendus à l'ennemi, qui harcelaient la pauvre fille, lui posaient les questions les plus insidieuses, dénaturaient ses réponses et s'attiraient ces réparties fines et mordantes, fières et cou-

près d'elle que des ennemis déclarés et passionnés. (Voir de Beaurepaire, *Recherches...*, pp. 91 et 104).

(1) *Recherches...*, p. 87.

(2) Ce chiffre ne comprend pas quelques écuyers, serviteurs ou prêtres dépourvus de grades universitaires. M. Vallet de Viriville a compté cent soixante-dix assesseurs parce qu'il a compris dans sa liste des personnages, professeurs ou autres, qui furent consultés mais ne vinrent jamais à Rouen (Deniflle et Chatelain, *Le Procès de Jeanne d'Arc et l'Université de Paris, ibid.*, p. 31).

130

rageuses, qui nous émerveillent et nous frappent de
stupeur.

Lorsqu'elle comparut pour la première fois devant
ses juges, le 21 février, elle demanda à « ouïr messe »,
mais Cauchon, après avoir consulté les « notables
maîtres », décida « attendu les *crimes* dont ladite pré-
venue est diffamée, notamment *la difformité de son
habillement*, dans laquelle elle persévère », qu'il serait
sursis à la licence par elle demandée d'entendre la
messe et d'assister aux divins offices.

Elle réclama ensuite, mais en vain, que ses accusateurs voulussent bien s'adjoindre « des ecclésiastiques
de ces parties de France », c'est-à-dire du parti de
Charles VII.

Au cours du troisième interrogatoire (10ᵉ séance),
elle dit à l'évêque : « Je vous le dis, prenez bien garde
à ce que vous prétendez que vous êtes mon juge, car
vous assumez un grand poids en me chargeant vous-
même (1) ».

Pendant ces premiers interrogatoires, elle tint tête à
ses accusateurs et déjoua tous les efforts tentés pour la
perdre. Tantôt, elle exposait avec simplicité les origines de sa mission ; tantôt, elle bravait la colère des
Anglais par de fières et patriotiques apostrophes.

Ces séances avaient été très orageuses. Au début
surtout, les interruptions se produisaient presque à
chaque mot de l'héroïne, surtout quand elle parlait de
ses apparitions, parce que les secrétaires du roi d'An-

(1) Vallet de Viriville, *Procès de condamnation*, p. 42.

gleterre consignaient ses dires à leur fantaisie, en né-
gligeant ce qui était à sa décharge. Et la pauvre fille
subissait toutes ces attaques « sans être assistée du
curateur que l'Inquisition accordait à tout mineur de
vingt-cinq ans, pour rectifier ses aveux ; sans *conseil*
notoirement probe et habile en droit canon ; sans *procureur* chargé d'administrer ses biens et de faire les
démarches étrangères aux coutumes du barreau (1) ».

Jeanne d'Arc devant Pierre Cauchon et ses assesseurs.
Lettre initiale d'une copie du procès de condamnation.
(Ms. latin, nº 5869, Bibl. nat.)

A ce point du procès (3 mars 1431), Cauchon décida
que les interrogatoires « si aucuns étaient encore nécessaires », auraient lieu désormais en présence de deux

____

(1) *Guide des Inquisiteurs.* Villiaumé, *Histoire de Jeanne d'Arc.*

ou trois assesseurs seulement, sans fatiguer inutilement toute l'assemblée.

Le mobile de cette nouvelle direction donnée à la procédure apparait manifestement. L'évêque de Beauvais voulait éviter ainsi les murmures d'indignation qui circulaient parfois contre lui dans ces réunions composées de quarante à soixante-dix prêtres instruits, dont quelques-uns ne cédaient que par la faiblesse aux coupables entraînements des principaux meneurs. Il espérait aussi induire plus facilement en erreur la plupart de ceux qui n'assisteraient pas aux interrogatoires et qui ne connaîtraient plus tard que la teneur des procès-verbaux (1).

Il tenait, toutefois, à ne perdre aucun de ces premiers artisans de l'œuvre criminelle qu'il accomplissait, car il leur défendit de quitter Rouen sous aucun prétexte sans sa permission.

Après avoir réuni dans sa demeure, chez Mᵉ Jean Rubé, plusieurs *solennels docteurs et maîtres en droit divin et humain*, qui avaient été chargés de colliger tout ce qui avait été répondu par Jeanne, Pierre Cauchon reconnut la nécessité de nouveaux interrogatoires, dits *interrogatoires secrets*, qui commencèrent le 10 mars, dans la prison de l'accusée.

Les charges qu'on avait accumulées contre elle lui paraissaient trop insuffisantes, et il importait de trouver au moins un prétexte plausible pour la condam-

____

(1) *Guide des Inquisiteurs*, p. 240.

nation. Ce fut sur ces entrefaites que le vice-inquisiteur se réunit au procès (13 mars) et lui prêta
officiellement son concours.

L'évêque prit soin de déléguer parfois
ses pouvoirs à ses plus astucieux complices, et pour donner plus d'autorité aux
interrogatoires, il les fit souvent diriger
par les principaux personnages ecclésiastiques, Beaupère, Jean de la Fontaine,
Jean de Castillon, etc.

On pressa la Pucelle pour en obtenir
de nouvelles déclarations plus compro-
mettantes, mais ce fut en vain qu'on tenta
de la prendre en défaut en provoquant insidieusement
ses explications sur ses *voix, ses apparitions, la
sortie d'Orléans, son étendard, sa soumission à
l'Eglise*, etc.; l'héroïne supporta ces tortures morales
avec un courage et une présence d'esprit qui ne se dé-
mentirent pas.

Sceau
de Nic. Taquel,
greffier du
vice-inquisiteur.

Le 17 mars, Pierre Cauchon ayant fait grief à Jeanne
de ce que son étendard avait « été plus porté en l'église
de Raims, au sacre, que ceux des autres capitaines »,
elle lui fit cette réponse mémorable : « Il avoit esté à la
paine, c'estoit bien raison que il fut à l'onneur (1) ».

Le procès entra ensuite dans une nouvelle phase.
On décida de réduire les extraits des procès-verbaux à
un certain nombre d'articles qui permettraient de dres-
ser l'acte d'accusation contre elle. Ces articles devaient

____

(1) Quicherat, *Procès*, t. I, p. 187.

être communiqués aux docteurs qui donnaient leur avis.

L'instruction *(procès d'office)* était terminée. On passa au *procès ordinaire* qu'on appelle aussi *premier jugement.*

Avant la lecture des soixante-dix articles extraits des interrogatoires, d'Estivet formula son *réquisitoire* qui concluait à ce que l'accusée « fût déclarée sorcière, devineresse, fausse prophétesse, invocatrice de démons, conjuratrice, superstitieuse, entièrement adonnée à la magie, excitant la guerre cruelle, désirant l'effusion du sang humain, ayant du tout abandonné et dépouillé la pudeur de son sexe, etc. »

Puis, lecture de ces articles fut donnée par Thomas de Courcelles, l'un des plus célèbres parmi les docteurs de l'Université de

Thomas de Courcelles,
docteur de l'Université de Paris.

(Groupe anciennement
dans la cathédrale de Paris).

Paris, dont Cauchon avait voulu s'entourer (1).

(1) « L'iniquité du procès n'est pas douteuse, quand on voit les maîtres

La courageuse accusée répondit à toutes les imputations, à toutes les objections, à toutes les accusations contenues dans le réquisitoire d'Estivet.

Le 31 mars, veille de Pâques, Cauchon insista plus spécialement pour qu'elle formulât plusieurs réponses qu'elle avait remises à ce jour sur certains articles difficiles pour elle, et même pour beaucoup d'autres, car il s'agissait de matières théologiques.

Sa soumission à l'Église résulte notamment de cette déclaration :

« *Dit que les délits proposés par le promoteur contre elle, ne les a pas fais ; et du surplus s'en rapporte à nostre Seigneur ; et que d'iceulx délis proposés, n'en cuide avoir rien fait contre la foi chrestienne... Interroguée s'elle croist point qu'elle soit subjecte à l'Eglise qui est en terre, c'est assavoir à nostre Saint Père le Pape, cardinaulx, arcevesques, évesques et autres prélas d'Eglise ; respond que ouil, nostre sire premier servi* » ; c'est-à-dire, le service du roi venant immédiatement après celui de Dieu.

On a peine à comprendre comment des prélats, des prêtres, quelque aveuglés qu'ils fussent par l'esprit de parti, purent juger ensuite que Jeanne était convaincue

affirmer que les soixante-dix articles d'accusation sont extraits du registre des aveux faits par Jeanne du 21 février au 17 mars, tandis que la plus grande partie de ces articles ne se trouvent pas mentionnés dans les aveux de Jeanne, placés après chacun des articles (Deniffle et Châtelain, *Le Procès de Jeanne d'Arc et l'Université de Paris*, ibid., p. 12).

136

d'hérésie, après en avoir reçu de pareilles déclarations!

En vain, lorsque Cauchon lui avait parlé du pape, l'accusée lui avait répondu : « *Menez moi devant lui et je répondrai tout ce que je devrai répondre* », l'évêque n'avait pas déféré à *cet appel* qui était de droit, profitant sans doute de ce que sa victime, dans son ignorance et dans son impuissance, ne pouvait le lui signifier régulièrement (1).

De même, il se garda bien de lui parler d'une autre voie de recours qu'elle aurait pu utiliser devant le Concile général. « Il faut constater avec regret, dit M. Ch. de Beaurepaire (2), que parmi tant d'ecclésiastiques qui prêtèrent leur nom et leur concours au procès, il n'y en a point eu un seul qui ait eu le courage de l'engager dans la seule voie qui pût la sauver ».

« Ce mépris de l'appel de Jeanne d'Arc paraîtra d'autant moins excusable que sa mission avait été examinée à Poitiers, dans une assemblée d'ecclésiastiques qui n'y avaient rien trouvé à redire; et qu'à cette époque on voit les gens d'église appeler, pour ainsi dire, à tout propos, au Saint-Siège, pour des questions de bien moindre importance (3) ».

Bien loin d'éclairer sa victime, Pierre Cauchon mettait tout en œuvre pour donner le change à la majorité

---

(1) « Pourquoi les professeurs gardèrent-ils le silence quand ils entendirent faire à Jeanne cette réponse contraire aux règles du droit « qu'on ne pouvait aller chercher l'avis de N. S. Père le pape si loin »... Rome ne semblait pas trop loin chaque fois qu'on envoyait au pape des messagers pour obtenir des bénéfices. » (Denifle et Châtelain, *ibid.*, p. 13.)

(2) *Recherches....* p. 92.

(3) *Ibid.*, p. 96.

des assesseurs. Il fit extraire des réponses de Jeanne aux soixante-dix articles, diverses propositions sous la forme de *douze articles* qui résumaient toute l'accusa-

Raoul Roussel, l'un des premiers complices de Cauchon,
mort archevêque de Rouen (1444), après s'être rallié à Charles VII.
(Tombeau anciennement à la Cathédrale de Rouen).

tion. Il se garda bien de communiquer le dossier tout entier à ceux qui avaient qualité pour en connaître : et il ne soumit aux assesseurs, aux docteurs de l'Université de Paris, comme aux chanoines de Rouen, dont il devait demander l'avis, que ces douze propositions formellement contredites par la Pucelle, au lieu des procès-verbaux et des pièces authentiques du procès.

Les docteurs, au nombre de seize, et les licenciés, au nombre de six, n'eurent pas le courage ou la pudeur de requérir la communication des interrogatoires, pour contrôler la sincérité de ces propositions. Ils signèrent,

138

le 12 avril, dans la chapelle de l'archevêché, une con-
sultation défavorable à l'accusée (1).

Le chanoine Denis Gastinel,
assesseur de Cauchon.

Pierre tombale de 1440,
à la Cathédrale de Rouen).

Dans cette rédaction des *douze articles*, dit encore M. de Beaurepaire, « la pensée de la Pucelle est si infidèlement interprétée, que la lecture même des interrogatoires, tels qu'ils ont été rédigés par les notaires de Cauchon, suffit pour faire reconnaître la fraude (2) ».

« Ce fut là le principal fondement de la condamnation. Ce fut aussi *le point le plus faible et le plus criminel du procès* (3) ».

« C'est en cela que l'assistance d'un avocat, que ne pres-

(1) Quicherat, *Procès*, t. I, p. 337-341.

(2) *Recherches*, p. 101. — « Ce qui est encore plus grave, c'est d'avoir fait de ces soixante-dix articles, comme si Jeanne les avait avoués, un extrait résumé en douze articles, sans tenir aucun compte des explications et des paroles qu'elle avait prononcées. Et ces douze articles, envoyés à l'Université de Paris et ailleurs, sans avoir été lus préalablement à Jeanne, servirent de base à la condamnation ! » (Denifle et Chatelain, *ibid.*, p. 12.)

3) Il ne s'agit pas là, dit Quicherat, d'une illégalité grossière qui aurait consisté à émettre, sous une forme non autorisée par les assesseurs du tribunal, une pièce aussi capitale que les *douze articles*. « Vraisemblablement, elle fut rédigée en commun, et le mystère affecté par les témoins de la réhabilitation, au lieu d'impliquer l'escamotage des articles, ne fait que couvrir la manière dont on les exécuta ».

crivait pas la procédure inquisitoriale, eût cependant été nécessaire dans la circonstance, pour permettre
à l'accusée tout désaveu utile (1).

A la suite des docteurs, plusieurs autres gradués, de
nombreux chanoines, onze avocats en cour d'Église, les
évêques de Coutances, de Lisieux, et plusieurs autres
théologiens, adressèrent à Pierre Cauchon des délibérations dans le même sens.

Celle de Zanon de Castiglione, évêque de Lisieux, qui
devait bientôt devenir évêque de Bayeux (1431-1459),
mérite d'être signalée. « Il ne faut, manda-t-il à Cauchon, ajouter foi à toute personne qui vient affirmer
qu'elle est envoyée de Dieu, que si elle a pour elle
l'éclat de quelques signes ou miracles, ou quelque témoignage spécial de l'Écriture, ce qui n'existe nullement dans la cause ».

Pierre Cauchon, on le voit, s'entourait de toutes les
précautions et réussissait à engager ses assesseurs, avec
les principaux personnages favorables aux Anglais,
dans la voie de la condamnation. Il comptait ainsi donner plus d'autorité à la future sentence et alléger d'autant sa responsabilité.

Pendant ce temps, Jeanne était tombée malade et recevait les soins des Anglais, intéressés à ce que le procès suivît son cours jusqu'à la fin (2).

(1) Ch. de Beaurepaire, *Recherches*, p. 111.

(2) M. Ch. de Beaurepaire, à qui l'on doit tant d'éclaircissements sur le
procès de la Pucelle, écarte absolument la prétendue tentative d'empoi-
sonnement que Cauchon aurait commise sur la personne de sa victime.
« Dans les circonstances où le crime aurait été commis, il eût fait man-

Pierre Cauchon, qui avait tant fait, et qui avait même dicté le réquisitoire de d'Estivet (1), s'apprêtait à mettre la dernière main à l'œuvre néfaste.

Nicolas Le Roux, abbé de Jumiéges, l'un des premiers complices de Cauchon.
(Ancienne abbaye de Jumiéges).

quer aux Anglais le but qu'ils se proposaient ». Il faudrait supposer plus d'ineptie que de perversité chez Cauchon, et cette supposition, dit-il, doit être écartée, sa capacité n'ayant jamais été mise en doute et ne pouvant l'être, pour peu qu'on réfléchisse aux hautes fonctions qui lui furent confiées, et à l'estime que professèrent pour lui un grand nombre de ses contemporains » (*Recherches*, p. 107).

(1) Voir Dufresne de Beaucourt, *Hist. de Charles VII*, t. II, p. 231.

Il voulut que Jeanne reçût, avant le dénouement, les *monitions* publiques et particulières ou exhortations charitables émanées tant de lui-même que de quelques-uns de ses complices (1). On avertit l'accusée qu'elle était en peine d'être laissée par l'Église, et qu'alors « elle serait en grand péril de encourir paines du feu éternel quant à l'âme et du feu temporel, quant au au corps, et par la sentence des autres juges ». Celle-ci demanda alors dans combien de temps il fallait aviser ; Cauchon lui dit que c'était immédiatement, et comme elle ne répondit rien, il leva la séance.

§ 3. — L'ÉVÊQUE MENACE JEANNE DE LA TORTURE. — LE CIMETIÈRE DE SAINT-OUEN. — CONDAMNATION ET SUPPLICE DE L'HÉROÏNE.

Un effort décisif fut tenté par l'évêque de Beauvais, le 9 mai 1431.

Il se décida à menacer la Pucelle de la torture, pour l'amener à passer l'*aveu* de son imposture prétendue.

C'est dans la sombre salle du donjon du Vieux-Château, que M. E. Deshays a reproduite si exactement dans ses *Ombres symphoniques* (2), que Jeanne comparut devant Cauchon et Lemaître qu'assistaient l'abbé de Saint-Corneilles de Compiègne ; Jean Dacier, Jean de

(1) Quicherat, *Procès*, t. I, p. 375.
(2) *Jeanne d'Arc, Ombres symphoniques*, poème et dessins de E. Deshays, musique de R. Lesens (en préparation).

Castillon, G. Erard, A. Marguerie et N. de Venderès,
G. Heton, A. Morel, N. Loyseleur et
J. Massieu.

Sceau de Nicolas
de Venderès.

On visite encore, de nos jours, avec un vif intérêt, ce donjon du château de Rouen, dernier témoin de ce drame lugubre du moyen-âge que j'esquisse à grands traits.

Jeanne fut introduite par la porte opposée à celle qui sert actuellement d'accès au public, depuis la restauration de ce vénérable monument (1865-1876).

C'est là que Cauchon avait fait mander l'appariteur Mauger Leparmentier, qui en a déposé, et qu'il avait fait disposer les poulies, les chaînes, les tenailles, en un mot, tous les lugubres appareils destinés à frapper de terreur l'accusée et à provoquer ses aveux.

Elle est restée telle, cette chambre des tortures, avec ses voûtes qui ont retenti des accents généreux de l'héroïne. « Telle devait être, a dit M. Bouquet (1), la salle du tribunal, un endroit sourd, aveugle, entouré de murs épais destinés à étouffer les gémissements de la douleur et les appels du désespoir. »

L'évêque lui dit que si elle n'avouait pas la vérité, « elle serait mise à la torture dont on lui montrait les instruments tout disposés dans la même tour. » (2) Là aussi, dit le procès-verbal, « étaient présents les officiers qui, par notre ordre, étaient tous prêts à la

(1) Notes inédites.

(2) « *Poneretur in tormentis quæ sibi tunc parata ostendebantur* », porte le procès-verbal de cette séance.

Donjon du Vieux-Château de Rouen, où Pierre Cauchon menaça la Pucelle de la torture.
(Racheté par souscription nationale en 1868.)

144

mettre à cette torture, pour l'obliger à rentrer dans
la voie de la vérité et à la reconnaître, afin de pouvoir,
par ce moyen, assurer le salut de son corps et de son
âme que par ses inventions erronnées elle exposait à de
graves périls. »

Jeanne, plus fière et plus sublime que jamais, répondit à ces menaces et à ces hypocrites exhortations de
Pierre Cauchon, par cette déclaration mémorable que
le manuscrit de d'Urfé nous a conservée en français (1) :

« *Vraiment, se vous me deviez faire détruire les
membres et faire partir l'âme du corps, si ne vous
diray-je autre chose, et se aucune chose vous en
diroy-je, après si diroye-je tous jours que vous me
les auriés fait dire par force.* »

Soit que l'évêque eût été décontenancé par l'énergie
de sa victime, soit qu'il eût cru plus habile de ne pas
insister pour ne pas paraître ne devoir qu'à la violence
seule les aveux tant convoités, il conclut simplement
qu'*il allait en être délibéré*.

Le procès-verbal rapporte en ces termes la décision
qui fut prise : « Vu l'endurcissement de son âme et le
ton de ses réponses, nous, juges sus dits, craignant que
les tourments de la question lui soient peu profitables,
nous avons cru devoir surseoir à l'y appliquer pour le
moment, jusqu'à ce que nous en ayons plus amplement
délibéré. » (2)

Trois jours se passèrent en réflexions, après quoi,

(1) C'est ici que commencent les réponses en français, dans ce précieux
manuscrit conservé à la Bibliothèque Nationale (f° 31. r°).
(2) Quicherat. *Procès*. t. III. p. 401.

Cauchon convoqua, chez M⁰ Jean Rubé, le vice-inquisiteur, douze assesseurs et un clerc anglais, Héton. Il les
consulta sur le point de savoir si Jeanne serait soumise
à la torture, mais presque tous opinèrent pour la néga-
tive, sauf trois d'entre eux qui se prononcèrent en
faveur de cette mesure extrême : Aubert Morel, avocat
en cour d'Eglise; Thomas de Courcelles, l'illustre
universitaire, et Nicolas Loyseleur, l'opprobre du Chapitre de Rouen !

Il fallait en finir. Le 19 mai, l'évêque réunit, dans la

Le cardinal d'Angleterre ou de Winchester.

chapelle de l'archevêché, le vice-inquisiteur et cin-
quante-et-un assesseurs qui, lecture faite des délibérations de l'Université de Paris, adhérèrent aux
articles des Facultés.

On s'impatientait à Paris et à Rouen, car l'Université priait le roi d'Angleterre que « très diligemment
ceste matière soit par justice menée à fin briefvement;

146

car, en vérité, la longueur et dilacion est très péril-
leuse » (1).

Le 23 mai, Cauchon fit comparaître Jeanne dans une
chambre, près de sa prison, pour lui adresser une
monition charitable, en présence de Louis de Luxembourg et de Jean de Mailly, évêque de Noyon ; de Castillon, des docteurs Beaupère, Midy, Erard, Marguerie et de Vendérès. Il chargea le chanoine Maurice de
lui exposer « ses fautes, crimes et erreurs » (2).

Puis, il déclara les débats clos et renvoya au lendemain 24 mai, pour prononcer la sentence et « faire
procéder au-delà, suivant que de droit et de raison ».

Il allait mettre à l'épreuve, une dernière fois, l'in-
domptable fermeté de sa victime, au cimetière de Saint-
Ouen.

Il lui en coûtait, en effet, de condamner l'héroïne
avant qu'elle se fût condamnée elle-même, car les
Anglais, dont il suivait les inspirations « en voulaient
autant à sa gloire qu'à sa vie » (3), et le but politique
qu'ils poursuivaient, sous la forme d'un procès de foi,
ne pouvait être atteint que si elle proclamait elle-même
la fausseté de sa mission.

Cauchon avait donc résolu de donner une grande
publicité à la cérémonie projetée de l'abjuration. Jusqu'alors, le procès s'était déroulé mystérieusement sous
les yeux des Anglais, à l'intérieur du Vieux-Château ;
mais l'autorité du clergé qui couvrait les irrégularités

(1) Procès, t. I, p. 408.
(2) Procès, t. I, p. 441.
(3) J. Fabre. *Jeanne d'Arc, Libératrice de la France*, p. 199.

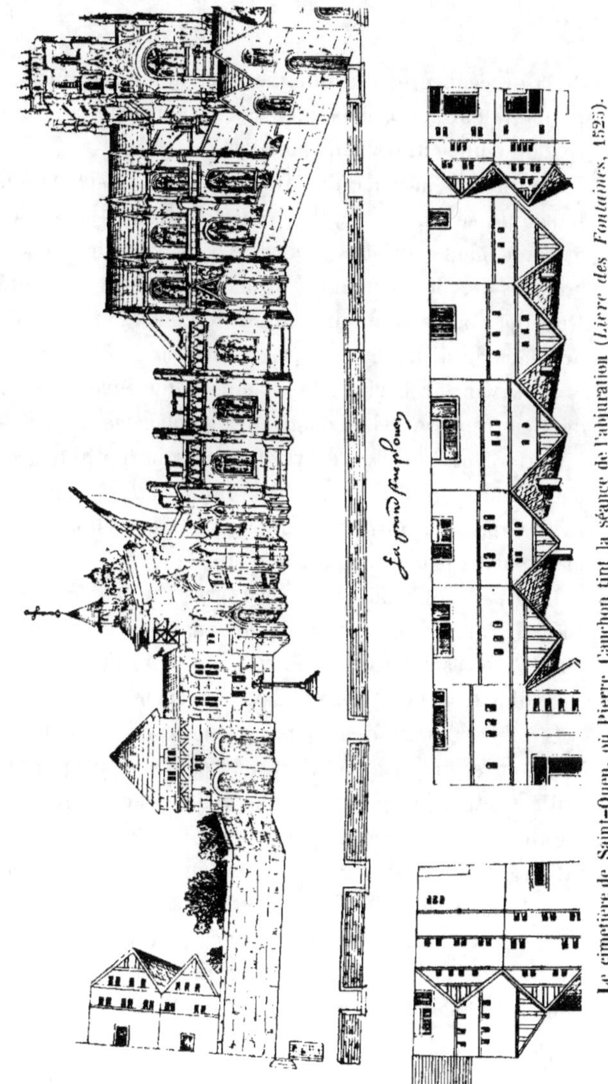

Le cimetière de Saint-Ouen, où Pierre Cauchon tint la séance de l'abjuration (*Livre des Fontaines*, 1525).

148

de la procédure, et les calomnies répandues à profusion,
permettaient désormais aux accusateurs de ne plus
redouter un soulèvement populaire.

Ce fut sur la place du cimetière de Saint-Ouen, où
le peuple se portait de préférence pour des jeux, des
attroupements ou des émeutes (1), que les juges,
escortés de soldats anglais, firent conduire la vaillante
Pucelle, pour en obtenir l'abjuration de ses erreurs, en
présence du bourreau tout prêt à la livrer aux flammes.

Le savant archiviste de la Seine-Inférieure, M. Ch.
de Beaurepaire, a reconstitué l'emplacement de ce
cimetière qui est figuré avec les maisons gothiques et
les clôtures qui l'entouraient sur la place, dans le
Livre des Fontaines, auquel j'ai fait quelques emprunts dans le cours de cette étude.

L'église se trouvait à peu près en cet état en
1430. L'ancienne nef romane venait d'être rem-
placée en partie par la nouvelle nef gothique de la
splendide église de l'abbaye de Saint-Ouen.

C'est sur partie de la place actuelle de l'Hôtel-de-
Ville, et le long de la basilique du côté sud, jusqu'aux
grilles actuelles du jardin de Saint-Ouen, que le
lugubre et douloureux spectacle de la séance d'abjuration fut donné à la population rouennaise, le
jeudi 24 mai 1431.

Une inscription commémorative, placée en 1891 à
l'extrémité de la place, par les soins de l'administration municipale (2), rappelle aujourd'hui le souvenir

(1) De Beaurepaire, *Notes sur le cimetière de Saint-Ouen de Rouen*.
2) Sur un rapport très patriotique de M. Robert, au Conseil municipal.

de cet émouvant épisode du procès de la Pucelle, à
Rouen.

Jeanne avait été visitée dès le matin, dans sa prison,
par l'universitaire Beaupère, que Cauchon avait délégué
à cet effet, et qui l'avait avertie « quelle seroit tantost
menée à l'escherffault pour estre preschée, en luy disant
que si elle estoit bonne chrestienne, elle diroit audit
escherffault que tous les faits et diz elle mettoit en l'ordonnance de notre mère sainte Eglise, et en spécial des
juges ecclésiastiques. Laquelle répondit que ainsi
ferait-elle. » (1)

On fit alors monter l'héroïne sur un chariot, afin de
la conduire au cimetière Saint-Ouen, où l'attendait une
foule considérable, diversement impressionnée, mais
avide de contempler cette Pucelle extraordinaire dont
les brillants faits d'armes avaient souvent été racontés
dans la cité rouennaise, devenue la véritable capitale des
Anglais en France.

La bourgeoisie pouvait être partagée entre les partisans de Charles VII et les maîtres du jour, mais je
ne doute pas que les *manans* et *habitans* de Rouen,
ceux qu'on appelait le *commun*, ne suivissent de toutes
leurs sympathies cette héroïne fidèle au roi légitime,
que les uns disaient inspirée et, les autres, endiablée,
mais qui personnifiait bien, à leurs yeux clairvoyants,
l'idée naissante de la patrie, au milieu des oppresseurs.

Arrivée au cimetière, Jeanne fut placée sur une estrade
ou *escherffault,* pendant que le bourreau stationnait

(1) Quicherat, *Procès*, t. III, pp. 20-21.

150

« avec un chariot dans une rue voisine, en attendant
qu'on la lui remit pour la livrer aux flammes. » (1)

Cauchon, en chargeant G. Erard, le fougueux docteur de l'Université de Paris, de *prescher* publiquement la Pucelle, savait ce
qu'il pouvait attendre de cet
orateur passionné.

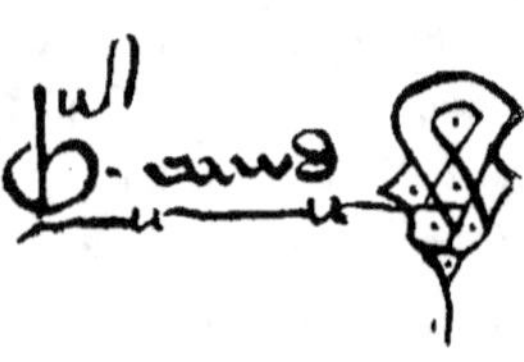

Signature de G. Erard.

Jeanne écouta silencieuse-
ment son bruyant réquisi-
toire, mais lorsque le docteur accusa la maison de
France d'être descendue si bas que son roi avait adhéré
au schisme et à l'hérésie, elle ne put se contenir, et
l'interrompant, elle lui jeta violemment à la face cette
apostrophe célèbre qu'on aime toujours à rappeler :
« *Par ma foy, sire, révérence gardée, je vous ose
bien dire et jurer, sur la peine de ma vie, que c'est
le plus noble chrestien de tous les chrestiens, et qui
mieulx aime la foy et l'Eglise, et n'est point tel que
vous dictes !* »

C'est ainsi qu'elle défendait devant Cauchon ce roi
qui paraissait l'abandonner, soit par insouciance, soit
par impuissance, dans les cruelles épreuves qu'elle
traversait, « lui qui semblait tenu même à l'impossible,

(1) « Il y avait deux *eschaffaux* : Sur l'un se trouvait Pierre Cauchon,
entouré d'un grand nombre d'assistants ; sur l'autre, Guillaume Erard,
prédicateur, et la Pucelle ». (Déposition de Jean de Mailly au procès de
réhabilitation.)

a dit Quicherat, envers celle qui avait fait pour lui l'incroyable » (1).

Erard termina son discours par la lecture d'une cédule contenant les articles « de quoy il la causoit de abjurer et de révoquer ».

Cauchon laissa l'huissier Massieu expliquer à l'accusée que si elle allait à l'encontre des dits articles, « elle seroit arse, mais lui conseilloit qu'elle se rapportast à l'Eglise universelle si elle devoit adjurer lesdits articles ou non. »

Jeanne suivit ce conseil et dit à haute voix : « Je me rapporte à l'Eglise universelle, si je les doy abjurer ou non ».

Erard répliqua : « Tu les abjureras présentement ou tu seras arse (brûlée) ».

Jeanne, ainsi menacée et circonvenue par ses ennemis, céda aux instances de ceux qui l'entouraient. « Et de fait, ajoute Massieu, avant qu'elle se partît de la place, les abjura, et feit une croix (2), d'une plume que lui bailla ledit déposant » (3).

Toutefois, avant d'en arriver à cette extrémité, Jeanne avait maintenu ses dires, en demandant « *qu'on les envoie à Rome devers notre Saint Père le Pape auquel, après Dieu, je m'en rapporte.* »

Ses ennemis lui avaient simplement répondu « qu'on ne pouvait chercher le Saint Père si loin, et que les

(1) Quicherat, *Aperçus nouveaux*..., p. 22. — Nouveaux documents sur l'histoire de Jeanne d'Arc. Rouen, 1866.

(2) Jeanne d'Arc ne savait pas écrire.

(3) Quicherat, *Procès*, t. II, p 17.

152

ordinaires (évêques) sont juges chacun en leur diocèse ! »

Personne, je l'ai déjà fait remarquer, n'eut le courage de protester contre cette réponse si contraire aux règles du droit en vigueur. Cauchon était intervenu et avait commencé à lire une grande partie de la sentence qui la livrait au bourreau.

Ce fut alors seulement que Jeanne signa, d'une croix, la formule qui lui était présentée (1).

Cauchon lut alors une seconde sentence qu'il avait rédigée en prévision de l'abjuration. Dans cette nouvelle formule l'évêque mettait en avant « la nécessité pour les pasteurs de l'Eglise de redoubler de vigilance, afin de s'opposer à l'établissement de doctrines nouvelles, principalement dans ces temps périlleux où de faux prophètes étaient annoncés par l'Ecriture comme devant venir au monde, introduisant à leur suite des sectes de perdition et d'erreur ».

Sous ces prétextes, l'évêque de Beauvais condamnait la victime « pour faire salutaire pénitence, *à la prison*

(1) M. Ch. de Beaurepaire qui tient justement en suspicion certains témoins de la réhabilitation, pense qu'il n'est pas démontré, comme on l'a soutenu, que la scène de la place Saint-Ouen n'ait eu d'autre but que d'arracher à la Pucelle un désaveu par la terreur, avec l'intention de trouver, quelques jours après, un prétexte de lui donner la mort, quand on aurait cru l'avoir déshonorée par une rétractation publique.

Il ne croit pas non plus qu'il soit établi que Cauchon ait fait signer à Jeanne, comme on l'a soutenu, une formule d'abjuration, et en ait inséré une autre au procès. Il estime, après Quicherat, que l'évêque ne se serait pas hasardé à une fabrication, ni même à une substitution de pièce par laquelle il aurait eu besoin de la complicité de beaucoup de personnes. (*Recherches...*, pp. 112-113.)

Restes de la chapelle des Ordres où Pierre Cauchon fit condamner la Pucelle
comme *relapse* (état en 1895).

154

perpétuelle, au pain de douleur et à l'eau d'angoisse ! » (1).

Comment ne pas être ému quand on se rappelle les ignominies dont les Anglais, furieux de cette insuffisante satisfaction, accablèrent alors leur prisonnière. Et cette vengeance leur fut d'autant plus facile que Cauchon l'avait fait reconduire au Vieux-Château, au lieu de la faire détenir, cette fois au moins, dans les prisons ecclésiastiques, puisqu'elle devait subir une peine ecclésiastique.

On sait comment Jeanne, exposée aux derniers outrages, et voulant tout à la fois protéger sa pudeur et protester contre les aveux qu'on lui avait arrachés, reprit les habits d'homme qu'elle avait dû abandonner.

L'évêque qui guettait, sans doute, cette occasion de fournir une revanche aux Anglais, s'empressa de venir constater le fait (2) Il consigna aussi, comme une rétractation formelle de son abjuration, la fière et dernière réponse de sa victime, que le greffier qualifia, en

(1) M. Ch. de Beaurepaire, qui a ramené à ses proportions exactes cet épisode célèbre de l'abjuration, résume ainsi son appréciation sur les agissements de l'évêque de Beauvais : même en se plaçant au point de vue le plus favorable à Cauchon, on ne saurait contester que dans la sentence qu'il prononça sur la place Saint-Ouen, il ne se soit montré injuste et cruel. En condamnant Jeanne à la prison perpétuelle, il épuisa d'un seul coup, sur elle, toutes les rigueurs dont il disposait. Il consentit à ce que cette peine, toute ecclésiastique, fût appliquée en dehors de la surveillance de l'Eglise, et il en modifia ainsi le caractère au préjudice de la juridiction dont il était le représentant (*Ibid.*).

(2) Il la trouva vêtue d'une *tunique*, d'un *capuce*, d'un *pourpoint* (*tunica, capucio et gippone*), et autres effets d'homme (Quicherat, *Procès*, t. I, p. 454).

Jeanne d'Arc sur le bûcher.
(Statue de Feuchère, à l'Hôtel-de-Ville de Rouen).

156

marge de la minute, *réponse mortelle* (*responsio mortifera*).

Le lendemain (29 mai 1431), il convoquait ses assesseurs dans l'antique chapelle de l'archevêché, dite *Chapelle des Ordres*, dont les restes existent encore dans la rue Saint-Romain, près des sombres constructions de l'Officialité.

Là, les abbés, prieurs, chanoines et religieux, au nombre de quarante-deux, après la lecture du procès-verbal dressé la veille par Cauchon, déclarèrent qu'il fallait « procéder contre Jeanne, *comme contre une relapse*, selon que de droit et de raison ».

C'était une condamnation à mort!

Cet arrêt fut exécuté le lendemain, 30 mai 1431.

Pierre Cauchon, après avoir hypocritement exhorté sa victime, assista sans émotion à ce qu'on a appelé l'assassinat juridique de celle qui n'avait commis d'autre crime que d'assurer la délivrance de cette patrie française qu'il avait lui-même odieusement reniée et trahie!

Je ne puis refaire ici le récit détaillé de cette scène émouvante, si connue dans les moindres détails (1).

Après la prédication du chanoine Midy, il eut l'audace de l'engager à *se repentir de ses méfaits*, et à s'en rapporter aux deux frères prêcheurs qui l'assistaient.

Puis, il prononça la sentence, en son nom et au nom du vice-inquisiteur. Ce factum, conçu en termes vio-

(1) Voir *Jeanne d'Arc et la Normandie*, p. 176 et s.

lents et ampoulés, constatait que Jeanne était retombée
sous le coup des sentences d'excommunication, et que,
comme un membre pourri, susceptible d'infecter les
autres, elle devait être rejetée de l'unité de l'Eglise!

L'implacable évêque n'avait pas été ébranlé un seul

Le Vieux-Marché de Rouen. (Plan de Belleforest.)

instant par les touchantes lamentations de la pauvre
fille qui s'écriait : « *Ah! Rouen, Rouen, mourrai-je
cy ?* » et qui demandait « *mercy très-humblement* aux
gens de quelque condition ou état qu'ils fussent, tant
de son parti que d'autre, en requérant qu'ils voulsissent
prier pour elle, en leur pardonnant le mal qu'ils lui
avoient fait... »

Pendant que le bourreau Gieuffroy Thérage saisissait
la victime pour l'attacher au poteau, et que les deux
frères dominicains prodiguaient à celle-ci de pieuses
exhortations, la plupart des prélats et ecclésiastiques,
émus jusqu'aux larmes, désertaient leur échafaud et se

retiraient pour laisser la justice séculière opérer son œuvre.

Quant à l'évêque de Beauvais, il était resté froid et impassible, à peu près seul, pendant que les pires ennemis de la victime, comme le cardinal de Winchester et Louis de Luxembourg, ne pouvaient contenir leur émotion et manifestaient l'humiliation et la douleur qu'ils ressentaient.

Peut-être Cauchon, en suivant ses complices, entendit-il de loin la martyre qui répétait, au milieu des flammes, *qu'elle n'était pas hérétique ni schismatique*, comme le lui imputait l'écriteau, et qui s'écria, dans un suprême effort : Jhesus !

Ce dernier cri, en effet, disent les témoins — notamment Jean le Parmentier, bourreau de l'Officialité, — fut entendu des assistants qui, presque tous, « pleuraient et se lamentaient par pitié pour elle ».

Ainsi, l'évêque de Beauvais avait pu constater que, jusqu'au dernier moment, celle qu'il avait condamnée comme hérétique, n'avait cessé d'invoquer avec ferveur les noms des saints et saintes du Paradis, et de protester énergiquement de son orthodoxie.

Et, tandis que Gieuffroy Thérage s'apprêtait à jeter dans la Seine, du haut du vieux pont de pierre, dit pont de Mathilde, les cendres encore fumantes de l'héroïque suppliciée, Cauchon se retirait dans la maison de Me Jean Rubé, pour y méditer à l'aise sur les conséquences possibles de cette mort émouvante par laquelle il avait donné pleine satisfaction aux sentiments de haine des Anglais !

Il faut croire qu'il portait d'un cœur léger le poids
de sa responsabilité, ou qu'il avait depuis longtemps
étouffé la voix de sa conscience, car, dès le lendemain,
on le vit revêtir ses ornements pontificaux et officier
solennellement à la Cathédrale où il célébra la messe
du Saint-Sacrement (1).

Il voulait, peut-être, essayer encore de donner le
change à la population rouennaise dont il avait entendu,
la veille, les clameurs accusatrices, et lui faire croire,
comme s'il en était lui-même persuadé, que l'acte de
vengeance qui venait d'être accompli n'était que l'exécution régulière, par le pouvoir séculier, d'un arrêt de
la justice inquisitoriale !

(1) Archives de la Seine-Inférieure, G. 33.

CHAPITRE CINQUIÈME

Après le procès de Rouen. — Pierre Cauchon est transféré au siège de
Lisieux (1432). — Son hôtel à Rouen. — Ses travaux. Missions dont
il fut chargé par les Anglais. — Pierre Cauchon au Concile de Bâle
(1435). — Au Congrès d'Arras (1436). — Au siège de Paris (1436).
A Lisieux (1437-1438). — A la cour du roi Henri VI et à Calais (1439-
1440).

§ 1er. — APRÈS LE PROCÈS DE ROUEN.

Sceau de Pierre Cauchon, évêque de
Lisieux, 1438.

[Ms. fr. 20884, fos 37 et 39, Bib. nat.]

Le supplice de Jeanne
d'Arc peut être considéré
comme le point de départ
de la dernière période de
la vie de Pierre Cauchon.

J'ai essayé de résu-
mer avec autant d'exac-
titude et d'impartialité
que possible le rôle im-
portant qu'il joua dans
le mémorable procès de
Rouen.

Il me reste maintenant à suivre l'évêque, en même
temps que l'homme politique, dans les fonctions qu'il
remplit, et dans les missions dont il fut chargé par le
gouvernement anglais, jusqu'à sa mort survenue
en 1442.

On a souvent répété que la mort de Jeanne d'Arc fut

162

fatale aux Anglais. En effet, cet événement tragique
enfanta de nouveaux héros, loin d'arrêter l'enthousiasme qu'avait suscité l'héroïque jeune fille et l'élan
irrésistible *des partisans de France* qu'elle avait si
souvent conduits à la victoire.

Ainsi se trouvaient déjoués tous les calculs de Bedford à qui Cauchon et l'Université de Paris avaient
prêté l'appui de leur grande influence sur le clergé
normand et sur le peuple.

Pourtant, ce n'est pas à ces résultats négatifs, peut-
être, qu'il faut attribuer le peu de profit que l'évêque
de Beauvais retira de sa coupable complicité. Si le
Régent lui avait fait espérer, quelques mois auparavant, le siège de Rouen, cette haute dignité ne put lui
être conférée. J'ai dit pour quels motifs Bedford avait
dû renoncer à cette combinaison et comment le
candidat favori était l'évêque de Thérouenne, Louis de
Luxembourg que nous avons vu si souvent aux côtés
de Pierre Cauchon. C'était à lui qu'on pensait à Rome
et c'était lui qu'on désirait à Rouen (1), bien qu'il parût
hésiter, par suite sans doute des considérations qui
avaient éloigné le cardinal de la Rochetaillée, et qu'il
ne dût occuper le siège de Rouen qu'après Hugues
d'Orges, en 1436. Quelque confiance que le Régent eût
en son conseiller Pierre Cauchon, il était trop habile
administrateur du pays conquis pour s'exposer à s'aliéner les sympathies du Chapitre de Rouen, en le soutenant malgré les répugnances qu'il rencontrait.

(1) Ch. de Beaurepaire, *Recherches*, p. 105.

Cauchon ne devait donc obtenir bientôt que le chétif évêché de Lisieux.

En attendant. il semble avoir gardé, à Rouen, l'influence et le rang que lui assignaient la faveur des Anglais, les services signalés qu'il leur avait rendus, et son titre de membre du Grand Conseil siégeant en cette ville.

Il faut donc rejeter ces légendes sans cesse rééditées, qui attribuent une fin misérable à la plupart des juges et assesseurs du procès, et dont l'érudition si sûre de M. Ch. de Beaurepaire a fait complètement justice, il y a quelques années (1).

Il convient de constater, au contraire, que beaucoup de ceux qui avaient participé à l'inique procès, restèrent en pleine faveur et se partagèrent les postes honorifiques.

C'est ainsi qu'après avoir pris la précaution de tenter une justification officielle du procès et du supplice de Jeanne auprès de l'Empereur, des rois, ducs, princes et prélats de la chrétienté (2), et après s'être fait délivrer, au nom du roi d'Angleterre, pour lui et pour ses complices, des lettres patentes qui lui garantissaient l'impunité, Cauchon resta investi, malgré le sentiment populaire, d'une réelle autorité, dans cette ville de Rouen où les Anglais se croyaient établis pour toujours.

La diplomatie anglaise s'était attachée, en calom-

______

(1) Ch. de Beaurepaire, *Recherches*, p. 120 et s.

(2) Vallet de Viriville, *Procès de condamnation*, p. 262 et s. — Quicherat, *Procès*, t. III, p. 243.

164

niant la victime, à présenter au pape, sous un jour
favorable, l'odieux procès de Pierre Cauchon, et le
Saint-Père devait hésiter longtemps à laisser réhabi-
liter l'héroïne, dans la crainte de blesser l'Angleterre
en paraissant favoriser le parti du roi de France (1).

Peu de temps après le drame du Vieux-Marché,
c'est-à-dire en juillet 1431, Cauchon fut désigné avec
l'évêque de Noyon, *Jean de Mailly*, l'abbé de Fécamp, MM. de Saint-Pierre et de Clamecy, et
maître Thomas Fassier, pour tenir les assises so-
lennelles de l'Echiquier de Normandie qui rendait
la justice en dernier ressort.

Vers la même époque, il fut nommé commissaire
du roi, avec les mêmes personnages (2) auxquels

Scel du gouvernement de l'Echiquier
de Normandie
pendant l'occupation anglaise.

(1) Les documents qui furent envoyés au pape et aux principaux personnages de la chrétienté, étaient *l'œuvre directe de Cauchon* qui, conservateur des privilèges de l'Université de Paris, tenait dans sa main
cette corporation et dirigea tous ses mouvements. Il suffit, pour s'en
convaincre, dit M. Vallet de Viriville, de remarquer *l'identité de termes*
qui règne entre ces divers textes ou documents. (*Procès de condamnation...* p. 264, note 1.) Ceci admis, il est piquant de lire les éloges que
se décerne l'évêque de Beauvais pour « avoir fait luire une pleine
lumière sur la conduite de cette femme de peu (*mulierculam*), qui avait
été prise, usant d'armes et d'habits masculins, et qui avait été accusée de
feindre mensongèrement des révélations divines, et des crimes graves
contre la foi orthodoxe ! »

(2) Moins Thomas Fassier.

165

on adjoignit l'évêque de Norwich, MM. de Typtot et
de Rouville, pour juger, « comme en vertu et autorité
d'échiquier », sur une contestation soulevée entre les
chanoines de la Cathédrale de Rouen, ayant le gouvernement spirituel de l'archevêché, *sede vacante*, et le
bailli de Rouen, qui avait emprisonné plusieurs clercs à
tonsure arrêtés comme complices de la *trahison* d'Etrepagny (1).

Au mois de septembre de la même année, on le
trouve encore à Rouen, faisant les ordinations, ce qui
suffirait à démontrer, dit M. Ch. de Beaurepaire, l'erreur
de ceux qui ont tenté de soutenir que Cauchon ne fut
qu'un évêque temporel (2).

On ne saurait douter du grand crédit dont l'évêque
de Beauvais continuait de jouir auprès du gouvernement anglais, quand on le voit assister officiellement,
au sacre du jeune Henri VI, dans la Cathédrale de
Paris, avec Jean de Mailly qui, plus tard, devait se
rallier au gouvernement de Charles VII (3).

En effet, à la fin de cette néfaste année 1431, le duc
de Bedford ayant insisté auprès du Conseil d'Angleterre, pour que le jeune monarque fût couronné roi de
France et d'Angleterre — dans l'espérance de relever

____

(1) Ch. de Beaurepaire, *Notes...*, p. 17. — Arch. de la Seine-Inf.,
G. 1887.

(2) *Ibid.* p. 18. — Voir plus haut, p. 55.

(3) Si l'on ne tenait compte des mœurs de l'époque, et si l'on ne savait
avec quelle facilité certains personnages passaient d'un parti à l'autre,
dans un temps où la France était si loin de l'unité qu'elle a acquise
depuis, on serait stupéfait de voir tant de prélats et ecclésiastiques compromis dans le procès de la Pucelle, solliciter et obtenir ensuite les

son parti. — le roi-enfant qu'on avait gardé à Rouen pendant toute la durée du procès de la Pucelle, se rendit à Paris où il entra solennellement, le 2 décembre, au milieu des réjouissances publiques et aux cris de *Noël!*

On n'eut garde d'oublier Pierre Cauchon, que son titre de pair de France appelait tout naturellement à figurer dans cette cérémonie.

Parmi tous les pairs de France qui devaient assister au sacre du roi de France, il n'y avait que lui et Jean de Mailly qui fussent susceptibles de répondre à l'appel des Anglais. Aussi, en les conviant à se rendre à Paris, Bedford cherchait moins peut-être à leur faire honneur qu'à relever l'éclat de la fête et la portée de cet acte politique.

Monstrelet nous a laissé une curieuse description des réjouissances organisées en l'honneur de Henri VI venu pour se faire « oindre, sacrer et couronner roi du royaume de France ». Il signale la présence de Pierre Cauchon, en ces termes : « Si étaient avec lui (le roi) de la nation d'Angleterre, son oncle, le cardinal de Vincestre et le cardinal d'York, son oncle le duc de Bedfort et le riche duc d'York, les comtes de Warwick,

faveurs de Charles VII victorieux. On peut citer : *Raoul Roussel* qui, devenu archevêque de Rouen, facilita la prise de cette ville par les Français et conserva ses hautes fonctions; *Jean de Mailly*, évêque de Noyon, qui devint président de Chambre de la Cour des Comptes de Paris; *Thomas de Courcelles* qui, après avoir voté pour que la torture fût infligée à Jeanne, fut honoré de l'amitié du roi de France dont il prononça l'oraison funèbre; *Midy*, le prédicateur du Vieux-Marché, qui fut chargé de haranguer le même roi à son entrée à Paris, etc...

Couronnement du jeune roi Henri VI, dans la cathédrale de Paris, devant Pierre Cauchon et Jean de Mailly.

(Anchiennes cronicques d'Engleterre, Bibl. nat.)

168

de Salseberry, de Suffolk et aucuns autres notables
chevaliers et écuyers de la nation de France ; y étaient
les évêques de Thérouenne nommé messire Louis de
Luxembourg ; *de Beauvais, maître Pierre Cauchon ;*
de Noyon, maître Jean de Mailly ; de Paris et
d'Evreux... etc. (1) ».

Cauchon figurait au premier rang des hauts dignitaires ecclésiastiques. Il en fut de même au repas solennel qui suivit la messe et la cérémonie : « Et après que
la messe fut finie, le roi retourna au palais, et se sit,
et dina à la table de marbre environ le milieu d'icelle.
Et au côté de la chambre de parlement, à cette table,
ledit cardinal de Vincestre et *maître Pierre Cauchon, évêque de Beauvais, et maître Jean de Mailly,
évêque de Noyon,* comme pairs de France, étaient
ensuivant (2) ».

Jean Chartier, qui énumère aussi les personnages
venus avec Louis de Luxembourg « faire reverence au
roi Henri comme à leur souverain seigneur », ajoute :
« Et furent faiz grans eschaffaulx de bois en l'église
Nostre Dame de Paris, et solempnellement devant tout
ledit peuple fut ledit roy Henry couronné à roy de
France par ledit cardinal. Et avoit pour l'heure deux
couronnes, dont l'une lui fit mise sur la teste par ledit
cardinal, et l'autre estoit tenue emprès lui, en manière
que ung chacun la povoit bien veoir, en signiffiance du
royaume d'Angleterre (3) ».

(1) Monstrelet, *Chroniques*, l. II, ch. cix.
(2) Monstrelet. *Chroniques*, l. II, ch. cix.
(3) *Chronique de Charles VII*, édit. elzev. t. I, p. 131.

Jean de Mailly, évêque de Noyon, assesseur de Pierre Cauchon au procès de la Pucelle.
(Collection Gaignières.)

170

Une belle miniature des *Anchiennes cronicques
d'Engleterre* de Jehan de Wavrin, représente ce cérémonial, et confirme le récit de notre chroniqueur (1).

Cauchon qui se trouvait auprès du prélat consécra-
teur, se joignit aussi au cortège triomphal dans lequel
on vit figurer Guillaume de Mende, dit le *Petit-Ber-
ger*, en qui plusieurs avaient cru reconnaitre le conti-
nuateur de l'œuvre de la Pucelle. Les Anglais s'étaient
emparés de lui sur le territoire du diocèse de Beauvais,
et avaient pensé d'abord à le livrer à Pierre Cauchon,
pour être jugé à Rouen, en matière de foi. Puis, on
l'avait réservé pour parer l'entrée du jeune roi à Paris.
Lié de cordes comme un voleur, il était traîné « à la
suite des neuf preux et des neuf preues dames et de
grand foison de chevaliers et d'écuyers ».

Après ces fêtes qui ne devaient arrêter en rien le
réveil du sentiment national en France, nos prélats
revinrent à Rouen avec le jeune Henri VI, qui reprit
bientôt le chemin de l'Angleterre, et qui jamais plus ne
devait revoir la terre de France !

(1) Voir *Jeanne d'Arc et la Normandie au XVe siècle*, p. 405. —
Cette cérémonie est reproduite aussi dans un curieux dessin exécuté en 1439 par Jean Rous. [Life of Richard Beauchamp with fine dra-
wing... Cotton ms. Julius E IV, art. 6, British Museum].

§ 2. — Pierre Cauchon est transféré au siège de Lisieux (1432). — Son hôtel a Rouen. — Ses travaux. — Missions dont il fut chargé par les Anglais.

Quelques mois plus tard, Cauchon dut subir, non sans éprouver sans doute un violent dépit, les pompes de l'entrée solennelle que fit, à Rouen, Hugues d'Orges, précédemment évêque de Châlons, nommé archevêque en remplacement du cardinal de la Rochetaillée.

Le pape Martin V avait permis au Chapitre de Rouen de nommer un autre archevêque, dès le mois de septembre 1430 ou environ, mais Hugues d'Orges ou des Orges (*de Orgiis*) ne prit possession de son siège, par son procureur Jean Vivien, que le 4 avril, et, personnellement, que le 22 août 1432.

Il suivit le rit accoutumé, en passant par Saint-Amand et Saint-Herbland. Sur le parvis de la Cathédrale, l'abbé de Saint-Ouen lui présenta une chape et l'introduisit dans l'église.

Si l'on en croit le témoignage de l'historien Dom Pommeraye, la physionomie du nouvel évêque formait un contraste singulier avec celle de son concurrent malheureux, car Hugues d'Orges avait été nommé « sans qu'il eust fait ny fait faire aucunes *sollicitations* ou *brigues*, pour monter à cette nouvelle dignité (1) ».

Par une coïncidence remarquable, Pierre Cauchon

(1) Dom Pommeraye, *Histoire des Archevêques de Rouen*, p. 554.

172

qui avait à se reprocher tant de *brigues* et, peut-être
aussi, tant de *sollicitations*, venait d'être transféré au
siège de Lisieux (8 août 1432) (1).

Quelles pénibles réflexions ne dut-il pas faire, en
prenant possession de son pauvre évêché, loin de la
puissante cité rouennaise devenue la capitale du pays
de conquête et le siège du Grand Conseil du roi d'Angleterre (2) !

(1) D'après M. Louis du Bois, la nomination de Pierre Cauchon par le
pape Martin V, remontait au 29 janvier 1430 (v. s.) et ne fut confirmée
par le pape Eugène IV que le 8 août 1432 (*Histoire de Lisieux*, t. I,
p. 132). La première date doit être rectifiée. Les précieuses archives du
Vatican que le P. Denifle explore si utilement, mentionnent la translation de Cauchon au 13 février 1430 (*Auctarium Chartularii*... t. I,
p. 935). M. de Formeville observe, à cette occasion, que ce fut peut-être
à cause du procès de la Pucelle et de la nécessité que ce procès fût suivi
au nom de l'évêque de Beauvais. — Le 16 novembre 1432, Pierre Cauchon prêta serment de fidélité à Henri VI, en sa nouvelle qualité.

(2) M. de Formeville a décrit le cérémonial usité à Lisieux pour la
prise de possession des évêques. Une députation du Chapitre se rendait
auprès du nouvel élu, aux portes de la ville, et lui faisait connaître les
cérémonies d'installation d'après les actes et registres capitulaires qu'ils
exhibaient. Ce n'est qu'exceptionnellement que l'évêque pouvait se dispenser de quelques-unes, notamment de l'obligation de descendre nu-
pieds par les rues de la ville. Il signait aussi l'engagement de donner à
l'église les *parements* ou *ornements de drap d'or* auxquels ses prédécesseurs avaient de tout temps été tenus. Le seigneur du fief de
Saint-Denis-de-Mailloc, relevant du comté de Lisieux, se présentait
aussi pour aider l'évêque à descendre de sa mule ou haquenée près
de la croix Saint-Ursin. Il lui servait tout le jour d'écuyer tranchant.
Puis, tout le clergé séculier et régulier, avec les confréries, se réunis-
sait dans la Cathédrale, et se rendait processionnellement à la porte de
Paris. Après la harangue du doyen du Chapitre, l'évêque prêtait serment, recevait le bâton pastoral, et s'avançait nu-pieds sous le dais, jusqu'à la porte occidentale de la Cathédrale où il remettait ses chaussures.

Pourtant, il convient de remarquer qu'il parut en prendre son parti, car, d'après les auteurs du *Gallia Christiana* (1), sa première entreprise fut d'intenter un procès à son prédécesseur, Zanon de Castiglione, pour le forcer à réparer l'évêché.

Ce n'était pas, sans doute, qu'il eût d'abord le projet de s'attacher bien étroitement à ses nouveaux diocé-

Vue ancienne de Lisieux (*Topographia Galliæ*).

sains, bien que, plus tard, il dût montrer une réelle sollicitude pour sa belle cathédrale dédiée à saint Pierre, son patron.

Autant qu'on peut en juger par le peu de documents

Là, il renouvelait son serment et entrait dans l'église au son des cloches de toutes les paroisses. Enfin, il montait à l'autel, réitérait son serment, s'asseyait au trône pontifical au chant du *Te Deum*, et célébrait pontificalement la messe du Saint-Esprit. Il rentrait ensuite à son palais épiscopal accompagné de tout le clergé. La journée se terminait par un grand dîner et un souper où le service féodal lui était rendu par un de ses vassaux, le seigneur du fief de Magny-le-Freule. (*Histoire de l'Evêché de Lisieux*, t. I, p. cviij).

(1) T. XI, p. 794.

174

qui nous sont restés de cette époque concernant son administration, Cauchon dut habiter Rouen plus souvent que Lisieux.

Il semble même avoir obtenu une sorte de coadjuteur qui faisait les fonctions épiscopales et que d'anciens documents désignent sous le nom d'évêque de Salabrion (1).

D'ailleurs, l'obligation de résidence n'était guère observée alors.

On en peut citer un exemple, en ce qui concerne l'évêché de Lisieux. En 1420, le cardinal de Plaisance, Branda de Castiglione, nommé administrateur de cet évêché par le pape Martin V, le faisait administrer par ses grands vicaires, et demeurait tranquillement à Rouen. Après avoir inutilement patienté pendant quatre ans, le Chapitre s'était plaint enfin au roi d'Angleterre, qui avait chargé le vicomte d'Orbec d'examiner l'affaire et de faire justice. Le cardinal n'avait pas attendu le jugement, et il avait démissionné, le 12 juin 1424, en faveur de son neveu, Zanon de Castiglione (2).

Pierre Cauchon avait de meilleures raisons que le cardinal de Plaisance pour résider le plus souvent à Rouen, où il avait élu si fréquemment domicile depuis 1423.

En effet, en dehors des relations officielles qu'il conservait avec le gouvernement anglais et avec le grand Conseil dont il faisait partie, il pouvait figurer avec

(1) De Formeville, *ibid.* t. II, p. 177.
(2) Cart. lexov., *ibid.* p. ccxxxvij.

honneur dans cette ville et, même, y exercer sa juridiction en qualité d'évêque de Lisieux.

C'était là une compensation à ses déboires qui devait quelque peu flatter son amour-propre (1). Son nouveau titre, en effet, lui assurait, à Rouen même, un manoir épiscopal qu'on appelait l'hôtel Saint-Cande et dont les restes sont encore connus aujourd'hui sous le nom d'*hôtel de Lisieux*. Il avait aussi une sorte de cathédrale (Saint-Cande-le-Vieux), avec cour ecclésiastique, official, promoteur et Chapitre. Cette église, qui se trouvait dans le voisinage de la porte du Bac, était absolument soumise à sa juridiction. Elle jouissait de ce privilège unique dans le monde chrétien d'avoir pour doyen l'évêque de Lisieux, qui en prenait possession particulière après celle de son évêché (2). Les chanoines avaient droit de capituler une messe commune. Il y avait aussi un sceau commun, une justice ecclésiastique particulière nommée

(1) Il est permis de croire aussi que le duc de Bedford, qui n'avait pas osé l'imposer comme archevêque de Rouen, lui fit accepter plus facilement le siège de Lisieux qui devait le rattacher à Rouen où sa présence était nécessaire pour les affaires du roi, et où il retrouvait, avec la plupart de ses complices, les chefs des grandes abbayes normandes passés à l'ennemi et réfugiés dans cette ville.

(2) Après le serment, et pour célébrer ce jour avec la pompe convenable, l'évêque de Lisieux reçu devait offrir à dîner (le *past*) à l'archevêque et aux membres du Chapitre, ou payer une somme de cent écus que l'on appelait le droit de past, *jus pastûs* des évêques. Nous possédons la relation d'un de ces plantureux dîners qui fut offert en 1425, en pleine invasion anglaise, par Zanon de Castiglione, le prédécesseur de Cauchon, dans le manoir des évêques de Lisieux à Rouen. Une copie de ce procès-verbal se trouve dans les archives de l'évêché de Lisieux, à la Préfecture du Calvados. On peut lire cette relation curieuse dans les *Anecdotes normandes*, de M. Floquet.

176

officialité, et enfin, une justice criminelle sur tout le territoire de l'*exemption*.

Cette *exemption* comprenait cinq paroisses : les trois portions de Saint-Cande-le-Vieux, à Rouen ; Saint-Aubin, du Petit-Couronne ; les deux portions de Saint-Gervais et d'Etrépagny ; Saint-Etienne-du-Rouvray ; Notre-Dame-de-Sotteville-lès-Rouen (1).

Un semblable voisinage portait ombrage aux archevêques de Rouen, métropolitains. Ils avaient toujours supporté difficilement cette exemption de leur juridiction, dont les évêques de Lisieux venaient se prévaloir jusqu'aux portes de la cathédrale et de leur archevêché. D'interminables procès avaient surgi à ce sujet, dans les siècles précédents. De nouvelles contestations étaient pendantes encore entre les archevêques de Rouen et l'évêché de Lisieux auquel on voulait enlever non seulement tous droits sur l'exemption de Saint-Cande, mais encore sur la chapelle Saint-Nicolas, dans la forêt de la Londe, et la dîme de cette forêt.

Nous verrons bientôt que ces discussions furent terminées à l'amiable sous l'épiscopat et peu de temps avant la mort de Pierre Cauchon (2).

Les titulaires de l'évêché de Lisieux se montraient fiers de leurs prérogatives. Ils avaient fait placer, à l'extérieur de leur manoir, les armes de leur cathédrale qui étaient *d'azur à deux clefs d'argent en sautoir cantonnées de quatre étoiles d'or, le tout surmonté*

(1) De Formeville, *Ibid.*, p. xij. — Cart. lexov. f° 213.

(2) Une sentence arbitrale rendue le 9 mai 1441 posa les bases des droits de chacune des parties. Voir page 208.

d'une crosse (1). On voyait encore ces armes en 1772, à la porte de l'hôtel Saint-Cande, en face de celles de l'évêque Cauchon (2).

La maison de Lisieux à Rouen, en 1552.

C'est dans cet hôtel Saint-Cande, — auquel on adossa plus tard la curieuse *fontaine* dite *de Lisieux* si appré-

(1) On retrouve ces armes dans le sceau de l'évêque de Lisieux.

(2) De Formeville, *ibid.*, p. clxxiv. Voir Sceaux des évêques de Lisieux, *Mémoires de la Société des Antiquaires de Normandie*, t. VII, atlas.

178

ciée encore des touristes et des antiquaires, — que
Pierre Cauchon résida le plus souvent dans la dernière
partie de sa vie. C'est là aussi que la mort devait le sur-
prendre.

Au début de son épiscopat, il sembla éprouver le désir
de diminuer quelque peu les charges qu'il cumulait.
C'est à cette époque, en effet, qu'il se démit de ses fonctions de conservateur de l'Université de Paris, qui
furent confiées, sur sa demande, à l'évêque de Meaux (1).

Assez d'affaires sollicitaient son activité et l'arra-
chaient, soit à sa résidence de Lisieux, soit aux dou-
ceurs de son manoir épiscopal de Saint-Cande.

S'il m'est difficile d'énumérer les différents actes de
son administration à Lisieux (2), et si je ne puis signaler, à ce point de vue, que quelques menus faits (3),

<hr>

(1) Du Boullay. *Historia Universitatis*, t. V, p. 422.

(2 Il reste peu de documents contemporains, en dehors des quittances
de la collection Gaignières que je rapporte, et des pièces qu'a soigneusement compulsées M. de Formeville, l'historien de l'évêché de Lisieux.
Les archives du Calvados ne renferment que des comptes, et les registres
capitulaires font défaut, pour cette période. On conserve à Lisieux le cartulaire de l'évêché. « La *Société historique de Lisieux* a recueilli nombre
d'épaves, l'arrondissement étant un de ceux où les destructions ont été
considérables. Un registre de délibérations du XVᵉ siècle existe aux archives communales qui en comprenaient plusieurs autrefois, assure-t-on,
et aussi des comptes pour la période de l'occupation anglaise ». (Renseignements communiqués par M. Bénet, archiviste du Calvados).

(3) M. de Formeville cite, relativement à Pierre Cauchon, deux actes
en forme d'accord entre l'évêque et le Chapitre, l'un du 1ᵉʳ mai 1433, au
sujet d'un terrain qui s'étendait, depuis la tour de Saint-Laurent jusqu'au
chemin pavé qui va du Friche-aux-Chanoines à la cathédrale, et qui avait
été employé en fortifications. Par cet accord, le terrain fut partagé entre
l'évêque et le Chapitre, et les parts de chacun, comme leurs droits res-

avec la construction de la chapelle de la Vierge dont je parlerai bientôt, nous pouvons le suivre plus complètement dans les missions qu'il remplit pour ainsi dire, d'année en année, au nom du roi d'Angleterre.

En 1433, il fut chargé d'assister à l'entrevue de Calais, que le duc d'Orléans, prisonnier des Anglais depuis la bataille d'Azincourt, avait préparée secrètement avec Henri VI (1), en vue de la paix, et dans l'espérance d'arriver à obtenir sa libération. Le noble prisonnier y devait convoquer la reine de Sicile et son fils, le duc de Bretagne et ses frères, le duc d'Alençon, les comtes d'Armagnac, de Foix et de Pardiac, Charles de Bourbon, archevêque de Reims, et l'évêque de Beauvais. Le

pectifs, y furent marqués et désignés de façon qu'il ne pût y avoir de différend dans la suite.

Le second acte, du 30 novembre suivant, concernait un autre terrain situé à l'orient du manoir épiscopal et de la Cathédrale, qui avait été aussi employé en fortifications, et qui fut partagé, comme le premier, entre l'évêque et le Chapitre. Ils s'accordèrent encore, dans ce dernier acte, par 61 livres 10 sous de rente demandés par le Chapitre à l'évêque. Il fut arrêté que, comme l'évêque ne pouvait savoir si les fonds affectés à ces rentes étaient en état de les supporter, le doyen, les chanoines et le Chapitre, consentaient à ne recevoir pendant trois années que 30 livres par an, sauf à se les faire payer en entier quand l'évêque en aurait pris connaissance. — On sait encore que les guerres continuelles ayant mis une grande confusion dans les droits et les coutumes appartenant à l'évêque de Lisieux, Cauchon fit faire une assemblée des trois états de la ville, gens d'église, nobles et bourgeois, qui les rétablirent sur le pied où ils étaient avant les troubles. (Assemblée des trois états de la ville, de 1433 à 1436, pour établir les droits et coutumes appartenant à l'évêque. — De Formeville, *Ibid.*, p. 177).

(1) « A des conditions et moyennant des offres qui ne lui coûtaient qu'une chose, la perte de son honneur ! » a dit M. Dufresne de Beaucourt (*Histoire de Charles VII*, t. II, p. 164).

180

roi d'Angleterre fit donner à Pierre Cauchon, le 15 août
1433, un sauf-conduit pour se rendre à Calais avec
vingt chevaux (1).

Mais ce projet ne fut pas pris au sérieux.

Le cardinal de Winchester, les comtes de Warwick
et de Suffolk, se rendirent en cette ville en vue de la
réunion projetée, mais ils attendirent vainement les
ambassadeurs de Charles VII. Le duc d'Orléans en fut
pour ses frais et ses serments (2).

D'ailleurs, d'autres négociations étaient déjà enta-
mées sous les auspices du Concile de Bâle où nous allons
retrouver l'évêque de Lisieux (3).

(1) « Comme..... nagueres nostre beau cousin, le duc d'Orleans,
desirant, si come il dit, le bien d'icelle Paix, se soit a Nous offert de soy
employer effectuellement au Bien de la Paix Generale de noz Royaumes
de France et d'Engleterre, et de faire diligence, à luy possible, de faire
venir pardevers luy, en nostre ville de Caleys, se c'est nostre Plaisir,
plusieurs de Parens et Amys, et autres Notables Hommes des Gens et
Conseil du dit Daulphin, et de luy, pour convenir et Assembler à l'effect
dessuis dit, en ycelle ville, environ le xv jour d'octobre prochein venant,
avec certeins seigneurs de nostre Sang et Lignage, et autres Notables
Personnes Ecclesiastiques et Seculiers,..... Nous par consideration et
en faveur de la dite Paix, avons Donne et Ottroye, Donnons et Ottroions,
par ces Presentes, audit Tiel et a Personnes en sa Compaignie, et au des-
soubz, Gens d'Eglise, Gentils Hommes, ou autres..... pour venir de
leur Lieu et Partie, en nostre dicte Ville de Caleys, par la Matiere dessus
dicte, par meer, Terre ou par Rivere, à cheval ou a Pié, en Litiere ou
chariot, Armez ou Desarmez de Jour, et de Nuyt, y Demeurer et sejour-
ner, et Retourner en leur Lieu et party seurement et paisiblement, etc. »
(Rymer, Fœdera, conventiones, literæ, etc., éd. de La Haye, 1740, t. IV,
p. 199).

(2) Dufresne de Beaucourt, Ibid.

(3) A cette date, se placent les deux documents suivants, émanés de Pierre
Cauchon et conservés à la Bibliothèque nationale. Je les résume ainsi :

§ 3. — PIERRE CAUCHON AU CONCILE DE BALE (1435).

L'année suivante, en effet, Henri VI donnait à l'évêque de Lisieux une marque solennelle de confiance, en le déléguant comme ambassadeur au célèbre Concile de Bâle où le pape devait être déposé comme simoniaque, parjure, schismatique, hérétique, etc.

Cauchon, chargé d'y soutenir la politique des Anglais, y rencontra plusieurs de ses complices : Thomas de Courcelles, Beaupère et Nicolas Loyseleur qui y jouèrent le plus triste rôle.

Les lettres de nomination de l'évêque de Lisieux comme député de l'Angleterre, portent les dates du 10 juillet 1434 et du 20 février 1435 (1).

Dans une quittance du *20 may 1434*, l'évêque qui se qualifie « chancelier de très-haulte et très-puissante princesse la Royne d'Angleterre », atteste le paiement par Jehan Lesac, receveur général de cette princesse, d'une somme de soixante sols « pour le drap d'une robbe ordonnée estre faicte et delivrée à Guerin Lesourd, messager à vie de ladite princesse, en recompensacion de plusieurs voyages et services par luy faiz ès prés et seigneuries d'icelle princesse ».

Une autre quittance du *21 may 1434* atteste la présence à Rouen de Pierre Cauchon. Ce document constate que le même receveur général est venu de la ville de Vernon à Rouen vers Cauchon « pour adviser et pourveoir à plusieurs choses..... touchant les terres et seigneuries d'icelle princesse ». — (Bib. nat., ms. fr. 20884, fᵒ 27).

(1) Rymer, *Ibid.*, t. V, part. 1, pp. 12 et 15. — Cauchon figure dans les lettres du 10 juillet 1434 sous cette dénomination : « *Philippum Lexoviensem* », avec « *Robertum Londoniensum, Johannum Rossensem, et Bernardum Aquensem, episcopos*, etc. » Dans les lettres du 20 février 1435, il figure avec les mêmes, sous ce titre plus exact : « *Petrum Lexoviensem* ».

182

Il toucha, dans cette circonstance, des gages importants dont nous trouvons le chiffre dans plusieurs pièces inédites conservées à la Bibliothèque nationale.

La première, en date du 6 juillet 1434, constate qu'il lui fut d'abord alloué la somme de neuf cents livres tournois, « pour lui aider à supporter les frais et despens que faire lui conviendra (1) ».

Cette indemnité parut sans doute insuffisante au gouvernement anglais qui lui attribua, comme gages supplémentaires, cent sols tournois par jour.

En effet, dans un nouveau mandement du 25 juillet 1434, le roi d'Angleterre adressait à ses « féaulx les tresoriers et gouverneurs généraux de ses finances en Normandie » les instructions suivantes : « Comme pour aucunement récompenser notre ami et féal conseiller, Pierre évesque de Lisieux, des frais et despens que faire lui conviendront pour estre au saint Concille general qui de présent est celebre a Baale, auquel nous l'avons naguères envoié avec autres pour nous et notre royaume

(1) « Henry par la grâce de Dieu Roy de France et d'Angleterre. A nos amez et féaulx les Trésoriers et généraulx gouverneurs de nos finances en Normendie, salut et dilection. Savoir vous faisons que par l'advis et déliberacion de notre tres cher et très amé oncle le gouvernant et régent notre royaume de France, nous avons ordonné et ordonnons notre amé et féal conseiller Pierre évesque de Lisieux pour aler pour nous et au nom de nous et notre royaume de France avec autres nos ambassadeurs au concile général que de présent l'en célèbre à Baale, auquel notre conseiller pour lui aider à supporter les frais et despens que faire lui conviendra à l'occasion de notre service au dit concile, lui avons tauxé et ordonné, tauxons et ordonnons par ces présentes la somme de neuf cens livres tournois. A icelle prendre et avoir pour une fois des deniers de nos finances de Normendie, etc. ». — (Bibl. nat., *Ibid.*, f° 28).

de France, nous lui eussions ordonné pour une fois, sans autre taxation, la somme de neuf cens livres tournois, et nous considérans la petite provision qui lui est faicte veu son estat et ses charges qu'il avoit à supporter à cause de sa longue demeure au voyage dessus dit, par l'advis et deliberation de notre tres cher et tres amé oncle le gouvernant et regent nostre royaulme de France duc de Bedford, voulons ordonnons et lui tauxons oultre et par dessus les gages ou pensions quil prent de nous (1) et la dicte somme de neuf cens livres tournois que voulons lui demourer pour sa vacation faicte et à faire audit voyage, depuis le commencement d'icelui jusques au viij° jour de fevrier prochain venant exclus, la somme de cent solz tournois par chacun jour qu'il vacquera audit voyage à compter dudit viij° jour de fevrier tant en séiournant comme en retournant par deuers nous ou notre dit oncle ou notre Conseil en notre royaulme de France (2) ».

Le 27 juillet de la même année, Pierre Cauchon, en son manoir de Rouen, donnait quittance, en ces termes, des neuf cents livres qu'on lui avait primitivement allouées :

« Sachent tous que nous Pierre, évesque de Lisieux, conseiller du Roy nostre sire, confessons avoir reçu de l'honorable homme Michiel Durant receveur général des finances d'iceluy en Normandie, la somme de neuf cens livres tournois pour nous aider à supporter les frais

(1) Pierre Cauchon recevait mille livres tournois par an, comme conseiller du roi d'Angleterre.

(2) Bib. nat., ms. fr. 20884, f° 28.

184

et despens pour aler au concile general que de present
l'en celebre à Basle, avecques certains ambassadeurs
d'iceluy seigneur.

« Donne a Rouen le xxvij[e] jour de juillet lan mil
quatre cens trente quatre.

« P. episcopus lexoviensis. »

A cette quittance, qui porte la signature de l'évêque,
est appendu un fragment de son sceau moyen que l'on
retrouve encore dans semblable quittance de neuf cents
livres, portant la même date, avec cette mention finale :
« tesmoing nos signe manuel et seel mis à ces présentes.
Donné à Rouen le xviij[e] jour de juillet l'an mil quatre
cens trente quatre (1).

Enfin, le *signet* de Pierre Cauchon se trouve joint à
un autre document du 10 octobre 1435,
dans lequel il se qualifie « évesque de Lisieux, nagueres chancellier en France de
tres haulte et tres puissante princesse la
royne d'Angleterre », et qui porte quittance
de la somme de 429 livres quatre sols, cinq
deniers, « qui deue nous estoit pour nos gaiges du dit office qui sont de 500 livres par
an..... depuis le premier jour d'octobre mil cccc

Signet
de Cauchon
(2).

(1) Bib. nat., ms. fr. 20884, f° 29.

(2) M. Vallet de Viriville le décrit ainsi : « Ce petit sceau est en cire
rouge, et présente un cachet, ou centre rond, accompagné de quatre pointes

trente trois, jusques au xiiij⁰ jour d'aoust mil cccc trente quatre *que nous feusmes deschargez d'icellui office de chancellier pour nostre alée du voiage au saint concille a Balle* ou nous avons esté envoié de par le Roy nostre sire..... tesmoing notre signet et saing manuel cy mis le x⁰ jour d'octobre lan mil quatre cens et trente cinq (1) ».

Il est question, une dernière fois, de l'envoi de Pierre Cauchon à Bâle, dans une quittance du 17 octobre 1436 par laquelle l'évêque reconnaît avoir reçu 825 livres tournois pour gages « commençant le 8⁰ jour de février l'an mil quatre cens trente quatre, et finiz le 22⁰ jour de juillet ensuivant l'an mil cccc xxxv....., affirmons en notre conscience avon vacqué pour les besongnes et affaires du roy nostre sire au saint concille que l'en celebrait illec auquel lieu nous avons esté envoié avec autres pour les besongnes et affaires que dessusdit. »

Nous savons donc par tous ces documents quelle fut la durée du séjour de notre évêque à Bâle, dans cette assemblée mémorable qui réunit les personnages les plus considérables de la chrétienté, et qui marqua l'une des époques les plus tourmentées de l'histoire ecclésiastique en Europe.

On raconte que si Pierre Cauchon se faisait largement rémunérer par le gouvernement anglais, comme

irradiées selon la coutume. La figure consiste en un écu à ses armes. Soutenu, en cimier, par un ange ? qui tient une palme ? de la main droite, et une rose ? de la main gauche. — Endommagé ». (*Procès de condamnation de Jeanne Darc*, avant-propos, xii). On peut comparer ce *signet*, au sceau moyen et au grand sceau de P. Cauchon. p. 395 et 419.

(1) Bib. nat., ms. fr. 20884, f⁰ 31.

les autres ambassadeurs, il ne mettait pas beaucoup d'empressement à s'acquitter de ses dettes personnelles.

Son séjour à Bâle, dit M. Ch. de Beaurepaire (1) fut pour lui l'occasion d'une humiliation cruelle.

Il était resté devoir à la Cour de Rome, à titre d'annates, pour sa translation au siége de Lisieux, une somme de 400 florins d'or. Ayant omis de s'acquitter, malgré les longs délais qu'il avait obtenus, il fut excommunié par André, évêque de Fossombrone, trésorier général des finances pontificales en Germanie. Cauchon parut se soucier assez peu de cette excommunication, car il célébra néanmoins l'office divin et encourut ainsi l'irrégularité. Il put entendre, aux portes de la cathédrale de Bâle et dans les autres églises, la publication solennelle de cette sentence, qui faisait défense aux fidèles d'entretenir avec lui aucunes relations jusqu'à ce qu'il se fût mis en règle avec la Chambre apostolique.

Mais ces incidents lui importaient peu, car il pouvait compter malgré tout sur l'appui des Anglais qui continuaient à l'employer dans toutes les affaires importantes concernant le royaume.

En effet, il quitta bientôt la ville de Bâle, abrégeant son séjour, pour assister au Congrès d'Arras, au nom du roi d'Angleterre.

---

(1) *Notes sur les juges et assesseurs.....*, p. 17; *Recherches sur le procès......* p. 124.

§ 4. — PIERRE CAUCHON AU CONGRÈS D'ARRAS (1435).

La nouvelle mission confiée à Pierre Cauchon résulte d'un mandement de Henri VI, en date à Mantes du 19 octobre 1435, par lequel il est alloué à l'évêque dix livres tournois par jour (1).

Cette pièce inédite me paraît devoir être mentionnée dans cette étude où je m'efforce d'écrire l'histoire avec le document.

Elle constate que, « pour vaquer et entendre en la matière de paix générale....., à la convention qui dernièrement a esté en la ville d'Arras », le roi d'Angleterre a délégué son « amé et féal conseiller l'évesque de Lisieux... lequel partit de Baale pour venir à la dite convention audit lieu d'Arras auquel lieu il a esté par plusieurs jours », et en revint par l'ordre du cardinal d'Angleterre, en la ville de Rouen, pour faire son rapport au Conseil ; ce pourquoi le roi mande et ordonne au receveur général de ses finances de lui payer et délivrer la somme de dix livres tournois, pour chaque jour qu'il affirmera avoir « vaqué en icellui voyage à compter du jour qu'il se parti dudit lieu de Baale jusques au jour qu'il arriva en nostre ville de Rouen » (2).

---

(1) D'après M. Louis Du Bois (*ibid*, t. I, p. 422) cette somme représenterait aujourd'hui environ 57 francs.

(2) « Donné à Mante le xixe iour d'octobre l'an de grâce mil cccc trente cinq, et de notre règne le xiiime ». (Bib. nat. ms. fr.. 20884, fo 33.)

Pierre Cauchon partit de Bâle, pour se rendre à Arras le 23 juillet 1435, et ne revint à Rouen, pour rendre compte de sa mission, que soixante-sept jours après, c'est-à-dire le 27 septembre suivant.

Ces détails précis nous sont fournis par une quittance de six cent soixante-dix livres tournois que l'évêque reconnaît avoir recues le 17 octobre 1436, pour être allé « de Basle à Arras à certaine convention illec faicte, de plusieurs du sang et lignayge et autres conseillers et serviteurs du roy nostre sire, et des ambasdeurs de son adversaire, sur le fait de la matière de la paix générale de France et d'Angleterre que lors l'en esperoit avoir, et pour venir du dit lieu d'Arras à Rouen par deuers messeigneurs du grant Conseil du roy nostre dit sire en France et Normandie, pour leur dire et rapporter les choses faites et communiquées à ladite convention au dit lieu d'Arras » (1).

Il est à peine nécessaire de rappeler les circonstances au milieu desquelles s'ouvrait cette *Convention d'Arras*, véritable congrès européen, réuni à la suite

____

(1) « Nous, Pierre évesque de Lisieux conseiller du roy notre sire, confessons avoir eu et receu de Pierre baille, receveur général de Normandie la somme de six cens soixante dix liures tournois pour certain voiage par nous fait pr le commandement du roy nostre dit sire de Basle a Arras a certaine convention illec faicte de plusieurs du sang et lignayge et autres conseillers et serviteurs du roy nostre dit sire et des ambassadeurs de son adversaire sur le fait de la matière de la paix generale de France et d'Angleterre que lors l'en esperoit auoir et pour venir du dit lieu d'Arras a Rouen par deuers messeigneurs du grant Conseil du roy nostre dit sire en France et normendie pour leur dire et rapporter les choses faites et communiquées en ladite convention au dit lieu d'Arras, auquel voiage

Comment les seigneurs furent assemblés à Arras pour faire la paix.
(Miniature des *Vigilles de Charles VII.*)

des échecs successifs infligés aux Anglais à Gerberoy, à Saint-Denis et dans le pays de Caux.

Tout faisait présager alors la chute prochaine de la domination anglaise, que devait rendre inévitable la réconciliation du duc de Bourgogne avec le roi de France.

L'évêque de Lisieux paraît avoir pris une part active aux importantes négociations qui signalèrent le Congrès, bien que certains historiens ne le mentionnent pas parmi les onze délégués anglais investis d'une mission officielle.

Ce fut lui qui, le 12 août 1435, en l'absence de l'archevêque d'York malade, porta la parole pour faire connaître les ouvertures des ambassadeurs anglais. Il demanda d'abord que la communication fût tenue secrète jusqu'à ce que la partie adverse eût fait des offres acceptables. Puis il proposa le mariage du roi Henri d'Angleterre « avec une fille de la partie adverse », et la conclusion d'une trève de vingt, trente ou quarante ans, durant laquelle ce prince, parvenu à l'âge d'homme, pourrait traiter en personne. Les ambassadeurs de France déclarèrent qu'ils ne voulaient

tant en alant au dit lieu d'Arras que dillée à Rouen comme dit est, nous affirmons en notre conscience auoir vacque par soixante-sept jours comence le vingt troisme jour de juillet lan mil iiij xxxv que nous partismes du dit lieu des Basles pour lad. cause et fumes le xxvije jour de septembre ensuicant que nous arrivasmes au dit lieu de Rouen, au pris de x livres tournois pour chacun desdits jours dessusdits, led. receveur general et tous autres. En tesmoing de ce nous avons signé ces presentes de notre seing manuel et scellé de notre seel le xvije jour doctobre lan mil cccc xxxvj. P. episcopus lexoviens. » Bib. nat., ms. fr. 20884, f° 35.

entamer aucune négociation sur les bases d'une trève, mais uniquement en vue de la paix finale. Ils proposèrent la renonciation du roi d'Angleterre au titre de roi de France, à la couronne et aux armes de France, avec restitution de toutes les villes, forteresses, etc. (1).

Les ambassadeurs d'Angleterre jugèrent ces demandes dérisoires et se retirèrent en manifestant leur indignation.

Puis, en réponse à de nouvelles propositions des délégués de France, Pierre Cauchon formula, au nom de ses collègues, l'offre suivante : Le roi d'Angleterre jouirait en paix de la totalité du royaume et garderait la couronne. Il abandonnerait à la partie adverse tout ce qu'il possédait au-delà de la Loire, sauf la Gascogne et la Guyenne, et lui attribuerait en outre, à titre de « concession royale », un revenu annuel de cent vingt mille saluts, dans ces contrées. Enfin, le roi épouserait une fille de la partie adverse.

Le mariage était donc la seule voie ouverte à la paix finale par le conseil anglais. Les ambassadeurs de France répondirent qu'ils ne traiteraient de mariage qu'en temps et lieu ; que l'offre leur paraissait insuffisante, et qu'ils demandaient au moins le maintien du *statu quo*. Ils décidèrent de ne faire aucune autre ouverture avant que le roi d'Angleterre n'eût déclaré renoncer à la couronne.

Les négociations furent interrompues, puis reprises.

Les offres définitives du côté des Français compor-

(1) Du Fresne de Beaucourt, *Histoire de Charles VII*, t. II, p. 530.

taient l'abandon par eux de toute la partie du duché d'Aquitaine possédée par les Anglais, de toute la Normandie, à la réserve du Mont-Saint-Michel; du duché d'Alençon; des comtés d'Harcourt, de Foucarmont et d'Eu, mais à la condition que le roi d'Angleterre renoncerait à son droit à la couronne.

Fort heureusement, cette combinaison qui sacrifiait une partie du territoire, échoua par suite de l'arrogance présomptueuse des délégués anglais qui refusèrent, comme ridicules, les offres que Charles VII avait la faiblesse de leur faire.

Après une réunion des plénipotentiaires en l'église Notre-Dame, la rupture fut définitive.

Mais, bientôt les hésitations de Philippe-le-Bon, duc de Bourgogne, cessèrent, et il conclut enfin avec le roi de France une alliance particulière qui anéantissait l'odieux traité de Troyes.

Pour les Anglais, c'était l'évanouissement des rêves dont s'était nourrie l'ambition d'Henri V et du duc de Bedford. C'était le dénouement de ce long différend qui avait si gravement compromis l'existence de la France et qui l'avait ensanglantée pendant quinze années !

C'était donc en vain que Pierre Cauchon avait soutenu jusqu'à la fin le droit exclusif d'Henri VI à la couronne de France, et proposé avec insistance le démembrement complet de sa patrie qu'il avait reniée !

Après cet insuccès, l'évêque revint à Rouen (1), avec

(1) L'itinéraire qu'il suivit avec G. Erard et Jean de Rinel donne une idée de la difficulté des communications entre Paris et le nord-ouest de la France. Ils durent gagner, par la Flandre, Calais et Boulogne d'où ils

La paix conclue à Arras est proclamée à Reims, patrie de Pierre Cauchon.
(Miniature de la Chronique de Jean Chartier, ms. fr. 2691, Bibl. nat.)

les Anglais mécontents et déconfits, pendant que le
traité d'Arras était publié solennellement et à son de
trompe, au milieu de l'allégresse générale, à Reims,
son pays d'origine.

Cauchon arriva à Rouen le 27 septembre 1435 (1).
Il trouva la ville consternée par suite du décès du duc
de Bedford, survenu quelques jours auparavant
(14 septembre 1435). La tristesse que le Régent avait
ressentie, à la suite du traité d'Arras, avait, paraît-il,
précipité sa fin.

L'illustre protecteur de Pierre Cauchon fut inhumé
dans le chœur de cette Cathédrale de Rouen qu'il avait
paru tant affectionner, à peu de distance du grand
autel, auprès des rois d'Angleterre, ducs de Normandie, ses nobles ancêtres.

On lui éleva un superbe monument qui fut dé-
truit dans la suite et que rappelait encore, en 1718,
une inscription gravée sur cuivre et appliquée sur un
des piliers (2).

s'embarquèrent pour le Tréport. De là ils se rendirent à Dieppe, puis de
Dieppe à Caudebec et arrivèrent ainsi à Rouen. Jean de Rinel, qui devait
retourner à Paris, dut faire le trajet de Rouen à Mantes par eau, et de
Mantes à Paris par terre. — (Arch. nat., K. 64, n° 119). *Journal d'un
Bourgeois de Paris*, éd. Tuetey, p. 311, note 5.

(1) M. Ch. de Beaurepaire constate qu'en 1435, on trouve Pierre
Cauchon exerçant à Dieppe les fonctions épiscopales en remplacement de
l'archevêque, et vraisemblablement en vertu d'une commission des
vicaires généraux, ce qui est une nouvelle preuve qu'il ne fut pas seulement un *évêque temporel*. — (*Notes sur les juges et assesseurs...*,
p. 18.)

(2) Voir *Jeanne d'Arc et la Normandie...*, p. 411 et s.

La mort frappait à coups redoublés autour de l'évêque de Lisieux.

Bientôt, en effet, l'archevêque de Rouen, Hugues d'Orges, succombait lui-même à Bâle où il avait suivi les travaux du Concile (19 août 1436).

Cette fois encore, l'archevêché de Rouen devait être dévolu à un prélat cher aux Anglais. Ces derniers, de plus en plus menacés, mettaient tout en œuvre pour conserver leur influence en Normandie, et pour garder tout au moins en leur pouvoir, la capitale du pays de conquête, leur suprême ressource.

Ce ne fut point l'évêque de Lisieux qui fut élu par le Chapitre, mais l'ancien évêque de Thérouenne, Louis de Luxembourg, chancelier de France pour les Anglais, le même qui avait négocié jadis la vente de la Pucelle, et que nous avons rencontré si souvent associé avec Pierre Cauchon aux affaires qui intéressaient la politique anglaise.

Les chanoines avaient compris le désir exprimé par Henri VI de voir élever à cette dignité un personnage utile à l'Eglise, *agréable au roi* et au pays, et ils avaient nommé à l'unanimité son candidat. Le monarque anglais les complimenta de ce choix par une lettre qui est conservée aux archives de la Seine-Inférieure (1).

(1) G. 3588.

§ 5. — Pierre Cauchon au siège de Paris (1436).

Henri VI ne pouvait faire moins pour ce prélat belliqueux qui venait de défendre jusqu'à la dernière heure la ville de Paris assiégée par les troupes de Charles VII.

Pierre Cauchon, qui jouissait lui-même d'une grande faveur à Paris, et exerçait une réelle autorité sur les Anglais et leurs partisans (1), avait énergiquement secondé Louis de Luxembourg dans cette lutte suprême.

Monstrelet le cite parmi les principaux personnages qui soutinrent le choc des Français et résistèrent jusqu'à la dernière extrémité.

Singuliers évêques du moyen âge, que l'on voyait, après les cérémonies pieuses, transformés tout à coup en chefs de troupes, conduire eux-mêmes les hommes d'armes au combat !

« Entre temps, dit le vieux chroniqueur, Louis de Luxembourg, évêque de Thérouenne, les évêques de *Lisieux* et de Meaux, le seigneur de Villeby et plusieurs autres tenant le parti des Anglais, doutant ce qui leur advint, c'est à savoir que le commun ne se tournât contre eux, firent loger leurs gens en la rue Saint-Antoine auprès de la Bastille, et firent ladite Bastille bien garnir de vivres et de plusieurs habillements de

(1) « *Una cum ceteris Anglis inter quos gratia et autoritate pollebat, Lutetia pulsus est die 5 maii 1436* ». (*Gallia christiania*, t. XI, p. 794.)

guerre ; et avec ce se tinrent leurs gens armés et sur
leur garde pour eux y retraire si besoin en était » (1).

Ces efforts furent impuissants. Le seigneur de l'Ile-
Adam, envoyé par les Français et les Bourguignons,
parlementa avec les Parisiens et leur montra « une
abolition générale de par le roi Charles de France scellée de son grand scel ». En même temps, il admones-
tait « ceux des murs », et les engageait à se rendre
au dit roi « à l'instance et faveur du duc de
Bourgogne qui s'était réconcilié avec lui ». Les Parisiens s'inclinèrent « et conclurent assez bref ensuivant
l'un avecque l'autre de mettre les dessusdits seigneurs
en leur ville » (2).

Des échelles furent alors dressées contre la muraille,
et le seigneur de l'Ile-Adam étant entré dans la ville
« avec le bâtard d'Orléans et grand foison de leurs
gens », fit ouvrir les portes aux autres seigneurs et
gens d'armes « qui se retrahirent vers la bastille Saint-
Antoine où étaient les Anglais, c'est à savoir *les
dessus dits évêques* et seigneurs, qui déjà se retrayaient
dedans la dite bastille et cuidaient aucunement résis-
ter ; mais ce fut peine perdue, car leurs adversaires
étaient trop puissants au regard d'eux, par quoi ils
furent assez tôt reboutés en icelle, et en y eut de morts
et pris en petit nombre » (3).

Les Anglais ayant été cernés dans leur bastille, avec
leurs *évêques* et *seigneurs*, durent capituler et obtin-

(1) Monstrelet, *Chroniques*, t. XI, ch. cxcvi.
(2) *Ibid*.
(3) Monstrelet, *Ibid*.

rent un sauf conduit « sous lequel ils s'en allèrent à Rouen par eau et par terre ».

C'est ainsi que Pierre Cauchon qui, dans ces derniers temps, avait régné en maître à Paris avec Louis de Luxembourg, vit ses biens « pris et départis » et dut subir, dans sa fuite, les sarcasmes des Parisiens qui firent « grand huée en criant : A la queue ! » (1). Il put se rappeler alors que la Pucelle avait prédit cette catastrophe aux Anglais, pendant le procès de Rouen. « Avant sept ans, avait-elle dit à ses accusateurs, vous perdrez un gage plus considérable qu'Orléans ! »

Bientôt charles VII devait faire son entrée solennelle dans sa bonne ville de Paris (12 novembre 1437) (2), « par la bastille de Saint-Denis, où il entra tout armé, avec le clergé et avec le dauphin jeune d'environ dix ans, tout armé comme son père le roi ; les bourgeois lui mirent sur la tête un ciel où l'on a coutume de porter Notre-Seigneur à la Saint-Sauveur » (3).

Lorsque Cauchon était revenu en son manoir de Rouen (4), après la prise de Paris, pour y continuer ses fonctions de conseiller du roi Henri VI (5), il avait

---

(1) Monstrelet, *Chroniques*, t. XI, ch. cxcvi.

(2) Vallet de Viriville, *Histoire de Charles VII*, t. II, p. 384.

(3) *Journal d'un Bourgeois de Paris.*

(4) Sa présence à Rouen nous est attestée par une quittance du 28 décembre 1436 par laquelle il certifie avoir reçu « du grenetier du grenier à sel estably par le roy nostre sire à Rouen », trois mines de sel gris. (Ms. fr. 20884, f° 35, Bib. nat.)

(5) Plusieurs quittances de ses gages « comme conseiller du roy à raison de mille livres tournois par an, payées par Pierre Baille, receveur

« Comment la ville de Paris fut réduite en l'obéissance de Charles VII. »
Prise de la Bastille où Pierre Cauchon s'était réfugié avec Louis de Luxembourg et les Anglais.
(Miniature des *Vigilles de Charles VII*.)

assisté, sans trop d'enthousiasme, sans doute, à l'entrée solennelle de Louis de Luxembourg en la cathédrale de Rouen (9 août 1437).

Déjà, il avait été présent le 11 avril précédent, à la prise de possession de l'archevêché, au nom de ce prélat, avec les abbés de Fécamp et du Mont-Saint-Michel (1).

A plusieurs reprises, il s'était rappelé, en cette année 1437, qu'il était évêque de Lisieux.

Ainsi, quelques mois auparavant, il avait pris fait et cause pour son chapitre qui voulait faire respecter le droit d'asile de l'église.

C'était à l'occasion d'un sieur Anquetil, clerc bénéficier et recteur des écoles de Lisieux, qui, accusé d'avoir voulu livrer la ville aux Français et condamné à mort, s'était réfugié dans la Cathédrale d'où il avait été arraché à main armée.

Le Chapitre avait excommunié ceux qui avaient ainsi violé le droit d'asile, mais le procureur du roi au au siège d'Orbec s'était opposé à la sentence qu'il arguait de nullité.

Grâce à l'intervention de Pierre Cauchon, qui prit parti pour ses chanoines, le procès fut terminé par un accord qui portait désistement du procureur du roi, les

général de Normandie, se trouvent à la Bibliothèque nationale (ms. fr. 20884. Elles portent les dates des 15 février 1436 (fo 34), 13 juillet 1438 (fo 35), 20 avril 1440 (fo 39), 24 octobre 1440 (fo 41). — Voir également deux quittances de Pierre Cauchon des 20 avril 1440 et 15 décembre 1441, dans le ms. latin no 17026, fo 147.

(1) De Beaurepaire. *Notes....* p. 18. — Louis Dubois, *Hist. de Lisieux.* t. 1, p. 132.

parties étant hors de cour, sans tirer à conséquence
pour l'avenir. L'évêque et le Chapitre se réservèrent
d'user contre les délinquants de censures ecclésiastiques, et de poursuivre nominativement ceux qui
étaient entrés dans l'église pour en arracher de force le
sieur Anquetil (1).

C'est aussi à cette époque que Pierre Cauchon confirma les possessions des Jacobins établis dans sa ville
épiscopale (2).

Il fit, en outre, un nouvel accommodement entre le
Chapitre de Lisieux et le procureur du roi au siège
d'Orbec, au sujet des droits et des coutumes appartenant
à l'évêché de Lisieux. Cet accord fut confirmé par le
roi Henri VI, le 14 décembre 1437 (3).

Il revint ensuite à Rouen où on le trouve présent à
l'assemblée que le cardinal de Luxembourg présida
dans la chapelle de l'archevêché « le 2 avril avant
Pâques 1437 (v. s.) (4) pour y délibérer, avec ses suffra-
gants, sur la translation que le pape Eugène IV avait
faite du concile de Bâle en la ville de Ferrare, et sur la
suspense que le concile avait, de son côté, prononcée
contre le pape (5).

(1) De Formeville, *ibid.*, t. II, p. 178.
(2) Dubois, *ibid.*, t. I, p. 422. — *Gallia christiana*, t. XI, p. 794.
(3) De Formeville, *ibid.*, t, II, p. 179.
(4) « Ce fut en cette même année que le pape confirma l'institution de
l'Université de Caen fondée par le duc de Bedford, sous le nom de
Henri VI. Il nomma chancelier l'évêque de Bayeux, Zanon de Castiglione, et conservateurs apostoliques de ses privilèges, les évêques de
Lisieux (Pierre Cauchon) et de Coutances (Philibert de Montjoie), dignités
qui passèrent à leurs successeurs. » De Formeville, *ibid.*
(5) De Formeville, *ibid.*

Le nouvel archevêque de Rouen le choisit alors pour arbitre dans ses contestations avec le Chapitre (1), mais, l'année suivante, Cauchon et lui se trouvèrent en procès pour droits de juridiction (2). Nous verrons bientôt que leur différend fut tranché par une sentence arbitrale.

§ 6. — PIERRE CAUCHON A LA COUR DE HENRI VI
ET A CALAIS

Ces contestations privées n'apportaient d'ailleurs aucun trouble aux relations officielles existant entre Louis de Luxembourg et Pierre Cauchon. Le chancelier de France oubliait, au besoin, les querelles judiciaires de l'archevêque de Rouen, lorsque l'intérêt supérieur du gouvernement anglais l'exigeait.

C'est ainsi qu'en 1439, le cardinal-chancelier et le comte de Warwick, devenu gouverneur de Normandie, chargèrent l'évêque de Lisieux d'une nouvelle mission, et l'envoyèrent en Angleterre à la cour du roi Henri VI (3), puis aux conférences qui se tinrent entre Calais et Gravelines.

(1) Arch. de la Seine-Inf., Reg. cap.

(2) De Beaurepaire, *Notes...*, p. 19. — Arch. de la S.-Inf. Fonds de l'archevêché, et Reg. cap., 13 mars 1443.

(3) Voir une quittance de Pierre Cauchon, du 6 octobre 1438, constatant qu'il a reçu 600 livres tournois pour deux mois entiers moins six jours, pour certain voyage que, par lettres de Mantes, le roi d'Angleterre « a ordonné faire en son royaume d'Angleterre pour certaines grandes matières et besongnes touchant très expressément ses affaires et le bien

Il s'agissait encore de traiter de la paix et de l'élargissement de Charles de France, duc d'Orléans, qui avait été fait prisonnier à la bataille d'Azincourt (15 octobre 1415), et qui depuis tant d'années était resté en captivité à Londres (1).

Cette nouvelle mission prouve, comme les précédentes, dit M. de Formeville, combien le roi d'Angleterre et son conseil étaient persuadés de l'habileté de Pierre Cauchon, et quelle confiance ils avaient dans sa connaissance des lois (2).

Ces négociations pour la paix étaient engagées à la demande d'Henri VI qui était aux prises avec les difficultés survenues dans la Grande-Bretagne, et que menaçaient de plus en plus les succès de Charles VII en France.

L'évêque de Lisieux, chargé de collaborer à cette œuvre importante, partit en effet du port d'Honfleur, sur une grande nef armée pour sa sûreté, qui coûta en principal 268 saluts d'or. Puis il rentra en France avec le cardinal de Winchester, l'archevêque d'York, le duc de Norfolk et autres princes du sang royal, pour se trouver à Calais à l'assemblée tenue en vue de la paix. Il repassa ensuite en Angleterre pour y rendre compte au roi de ce qui s'était passé, et revint finalement à Rouen, pour rapporter au Conseil, de la part

de ses royaumes de France et d'Angleterre ». Cette quittance est scellée du sceau de l'évêque (Bib. nat. ms. fr. 20884, f° 37).

(1) Pierre Cauchon fut nommé ambassadeur à cet effet, par lettres du roi d'Angleterre du 29 mai 1439 (Rymer, *ibid.*, t. V, 1re part., p. 62).

(2) *Ibid.*, t. II, p. 180.

d'Henri VI, « certaines choses dont on l'avait enchargé ».

Ces multiples démarches sont énumérées avec la profusion de détails que comportent les lettres, mandements et quittances de l'époque.

C'est ainsi que par lettres du 14 octobre 1439, Henri VI enjoignait aux trésoriers et généraux gouverneurs de ses finances en Normandie de payer à son « amé et féal conseiller l'évesque de Lisieux » outre la pension et gages ordinaires qui lui étaient alloués, « entier paiement de ses gages et chevauchées » d'après la taxation qui lui avait été faite dernièrement « pour autant de jours qu'il affirmera avoir vacqué, pour guides, conduite, passaige et repassaige de mer, depuis que dernièrement il partit de notre ville de Rouen tant venant, alant, besongnant, séjournant comme en retournant jusques au jour que prochainement il arrivera en icelle ville ».

Ce mandement relate soigneusement la mission confiée à l'évêque de Lisieux : « Nous avons ordonné et enjoint audit évesque de Lisieux d'aller à Calais, en la compagnie de notre très cher et amé oncle le cardinal et d'autres de notre sang et conseil, à la convencion assemblée nagaires illec tenue en espérance de traittier et trouver paix, entre nous d'une part et notre adversaire de France d'autre part, et de laquelle convencion icelui évesque de Lisieux est nagaires retourné devers nous avec les autres dessus nommez, auquel évesque notre conseiller, avons à présent ordonné retourner et rapporter devers les gens de notre conseil estans à

Nefs de guerre armées à Honfleur au XVe siècle. D'après les *Vigilles de Charles VII*),

Rouen certaines choses que lui avons enchargées (1) ».

Dans une quittance du 20 avril 1440, véritable narration quelque peu fastidieuse par ses redites, mais précieuse néanmoins par les détails qu'elle renferme, Pierre Cauchon décrit lui-même les voyages qu'il fit à cette occasion, et nous fait connaître les gages qui lui furent alloués.

On trouve dans ce document inédit les noms des personnages qui passèrent avec lui, du port d'Honfleur, en Angleterre, parmi lesquels figurait son neveu par alliance, Jean de Rynel, et le bailli de Caux, Jean de Montgommery; la contribution de chacun d'eux pour la fourniture et l'armement de la grande nef qui les porta, etc. (2).

Sceau
de Jean de Montgommery,
bailli de Caux
pour les Anglais.

Les efforts tentés au nom du roi d'Angleterre n'aboutirent que péniblement et partiellement, malgré toute l'habileté déployée par les ambassadeurs anglais appuyés par la duchesse de Bourgogne, Isabelle de Portugal, et par le duc Charles.

La première réunion, en vue de laquelle Pierre Cauchon avait fait tant de démarches, n'eut pour effet que de rétablir les relations commerciales entre l'Angleterre et la Flandre. Mais la conférence qui avait été

(1) Bib. nat. ms. fr. 20844, f° 37.
(2) *Ibid.*, f° 39. Voir aux Pièces justificatives.

rompue, reprit le 12 avril 1440 (1). Le roi d'Angleterre donna de nouvelles instructions à ses ambassadeurs (2). La revanche préparée par le duc de Bourgogne fut complète en ce qui concernait la mise en liberté du duc d'Orléans (3).

Le 28 octobre, le duc prêtait serment, en la cathédrale de Westminster, d'être fidèle aux conventions faites. Il donnait des garanties pour le solde de l'énorme rançon qui avait été fixée (4), et le 5 novembre, il mettait à la voile pour Calais.

Les conférences dites de Gravelines paraissent marquer la fin de la carrière diplomatique de l'ancien évêque de Beauvais

Aussi bien, j'ai épuisé à peu près tous les documents contemporains qui éclairent, imparfaitement d'ailleurs, les dernières années du juge de Jeanne d'Arc.

Nous le retrouvons encore, cependant, en 1440, dans l'exercice de ses fonctions épiscopales, appelé à juger un nouveau procès en matière de foi.

Il s'agissait d'un nommé Guillaume, docteur en décret, archidiacre du Beauptois au diocèse de Coutances. Cauchon procédait en vertu d'une commission délivrée par l'évêque de Coutances, Gilles de Duremort, qui l'avait assisté jadis au procès de la Pucelle, et qui était alors retenu par la maladie. Il avait pour collègues,

---

(1) De Fresne de Beaucourt, *ibid.*, t. III, p. 108.

(2) Rymer, *ibid.*, t. V, p. 73.

(3) Vallet de Viriville, *ibid.*, t. II, p. 400. — Voir Rymer, *ibid.*, t. V. p. 44, 55 à 94, 95 et 334.

(4) Déjà, 80,000 écus d'or avaient été versés.

dans ce procès, Pasquier de Vaulx. évêque d'Evreux, et l'archidiacre André Marguerie (1).

L'avant-dernière année de sa vie fut signalée par un acte d'administration important.

Il termina, en effet, par un compromis avec l'archevêque de Rouen, les discussions qui s'étaient élevées, non sur le principe, mais sur l'importance du privilège de Saint-Cande-le-Vieux à Rouen (2). Il avait choisi, de concert avec Louis de Luxembourg, cinq arbitres chargés de régler l'affaire. Ces arbitres rendirent, le 7 mai 1441, une sentence rapportée tout au long par le P. Bessin, d'après un cartulaire de la cathédrale de Rouen (3). Cette sentence portait notamment que l'évêque de Lisieux « jouirait de toute la juridiction, tant civile que criminelle. excepté pour le crime d'hérésie, dans les cinq paroisses de Saint-Cande, d'Estrepagny, du Petit-Couronne, de Sotteville et du Rouvray », à certaines conditions et réserves détaillées en ladite sentence. On décidait que l'évêque ni ses officiers ne pourraient juger, sur le territoire de cette exemption, les causes de ceux de leurs diocésains qui n'en étaient pas, ni les faire assigner pour y comparaître.

Enfin, peu de temps avant sa mort, il assista à la première entrée solennelle que fit, en la cathédrale de Rouen, le duc d'York, en sa qualité de gouverneur de Normandie (1er août 1441) (4).

(1) Ch. de Beaurepaire, *Notes sur les juges*....., p. 19. — Archives de la Seine-Inf., G. 1554.

(2) *Gallia christiana*, t. XI, p. 794.

(3) *Concil. Norman.*, 2e partie, p. 528.

(4) Ch. de Beaurepaire. *Les Etats de la Normandie sous la domination anglaise*, p. 76. — Voir aussi *Jeanne d'Arc et la Normandie*, p. 436.

La domination anglaise était alors tout à fait à son déclin.

Les Français s'étaient fortement établis à Louviers et à Conches, dès la fin de l'année 1440. Ils venaient de prendre Evreux (11 septembre 1441), et menaçaient de plus en plus la ville Rouen, dernier rempart des envahisseurs dans la Haute-Normandie.

Pourtant, Pierre Cauchon n'assista pas à l'expulsion définitive des Anglais.

Il devait mourir sans voir l'entier accomplissement des prédictions de la Pucelle, et plusieurs années avant la solennelle réhabilitation de son infortunée victime !

CHAPITRE SIXIÈME

Le prétendu repentir de Pierre Cauchon (1441). — Sa mort (1442). —
Ses fondations pieuses. — Les héritiers de l'évêque au procès de réhabilitation de la Pucelle (1456) ; jugement porté sur Pierre Cauchon par
les prélats contemporains. — Un homonyme de Pierre Cauchon.

§ 1er. — LE PRÉTENDU REPENTIR DE PIERRE CAUCHON

Sceau de la cour ecclésiastique de
l'évêque de Lisieux, à Rouen (1).

Ce fut, dit-on, vers 1441,
c'est-à-dire dans les derniers temps de sa vie, que
Pierre Cauchon fit cons-
truire à ses frais la chapelle
de la Vierge qui est située
derrière le chœur de la
cathédrale de Lisieux, et qui
est restée comme un beau
spécimen de l'architecture
gothique du xvᵉ siècle (2).

(1) Archives de la Seine-Inférieure, G. 6357.

(2) Cette date est donnée par M. de Formeville dans son *Histoire de
l'évêché de Lisieux* (t. I, p. CXXVIII). — Je n'ai pu découvrir sur quoi
s'est appuyé M. le chanoine Cerf, aujourd'hui décédé, pour affirmer
que cette chapelle fut construite par Pierre Cauchon « le 3 décembre 1432,
presque aussitôt après son installation ». Aucun renseignement confir-
mant ce dire n'est résulté de mes recherches et n'a pu m'être fourni
par la Société historique de Lisieux.

212

Ce n'est pas sans éprouver une vive impression qu'on
visite, de nos jours, cette partie de l'antique cathédrale
Saint-Pierre à laquelle le juge de Jeanne d'Arc semble
s'être plu à attacher son nom.

De même que l'évêque avait jadis fait placer ses
armoiries en divers endroits de l'évêché et de la
cathédrale de Beauvais ; de même, il les répandit avec
profusion dans la nouvelle chapelle de la Vierge de la
cathédrale de Lisieux.

On les retrouve encore aujourd'hui sculptées sur une
élégante clef de voûte qui surmonte le sanctuaire de
cette chapelle, puis, sur un faisceau de colonnettes
interrompu par une niche qui abritait sans doute autrefois une statue de la Vierge (1).

C'est au bas de cette niche, du côté de l'évangile, que
se trouve l'écusson de l'évêque portant une crosse
d'évêque, avec trois coquilles d'or, et soutenu par deux
anges (2).

Enfin, on les aperçoit encore sculptées sur de curieux
et énigmatiques bas-reliefs de pierre qui furent longtemps masqués par d'anciennes boiseries provenant du
chœur, derrière les stalles des chanoines, et qu'on
avait transportées autrefois dans la chapelle de la
Vierge.

Ces bas-reliefs, qui avaient été anciennement mutilés,
ont été restaurés plus ou moins heureusement, au point

(1) Voir page 16.

(2) Cette niche porte également les armoiries de Jeanne d'Arc, qui y ont
été placées, il y a quelques années seulement, par les soins de M. l'abbé
Hébert, ancien doyen de Saint-Pierre de Lisieux.

Chapelle de la Vierge de l'ancienne cathédrale de Lisieux,
construite par Pierre Cauchon.

214

de vue de l'histoire et de la vérité archéologique, en 1878.

Deux des plus richement décorés sont placés de chaque côté de l'édicule dont je viens de parler. Dans le premier, près d'un évêque tenant une croix, un clerc présente une requête à la Vierge portant l'enfant Jésus (1). Dans le second, près d'un évêque porteur d'une crosse, un clerc est représenté dans la même attitude, aux pieds de la Vierge *Mater dolorosa* (2).

J'ai fait reproduire ce deuxième bas-relief qui ne paraît pas avoir subi de changements lors des restaurations de 1878 (3), et qui, par conséquent, peut guider plus sûrement les investigations des érudits ou alimenter leurs méditations. Dans un troisième et dans un quatrième bas-relief, des clercs présentent également une supplique à la Vierge portant l'Enfant Jésus. Ils sont assistés par des personnages qui ont été restaurés et qui représentent aujourd'hui saint Paul (côté de l'évangile) et un pèlerin (même côté), que certaines personnes pensent avoir été substitués, en 1878, à sainte Marguerite et à saint Pierre (4).

Enfin, je dois signaler, pour ne rien omettre, l'existence dans la même chapelle, de deux autres bas-

(1) Notes de M. le chanoine Cerf.

(2) Ce bas-relief est placé à un mètre cinquante de l'ancienne sépulture de Pierre Cauchon.

(3) Ces dessins ont été exécutés d'après des photographies inédites communiquées par M. Duvivier, membre de la Société historique de Lisieux.

(4) Notes inédites de M. Duvivier.

Bas-relief dans la chapelle de la Vierge
de l'ancienne cathédrale de Lisieux.

216

reliefs qui représentent encore, avec une persistance
réellement étrange, le même sujet déjà plusieurs fois
reproduit.

Dans un cinquième bas-relief, en effet (côté de
l'épître), un ange, qui fut peut-être autrefois un saint
Michel (?), assiste un clerc agenouillé devant la Vierge
portant l'Enfant Jésus qui saisit le placet qu'on lui présente.

Enfin, dans le dernier de ces bas-reliefs, placé également du côté de l'épître, et dont un dessin est joint à
cette étude, c'est sainte Catherine, avec sa roue, qui
assiste le clerc représenté dans la même posture sup-
pliante.

Ce sixième bas-relief présente aussi, dans sa partie
supérieure, sous l'entablement gothique, l'écusson de
Pierre Cauchon, qui semble ainsi avoir été l'inspirateur
et, pour ainsi dire, le signataire de ces multiples et
mystérieuses figurations.

Ce serait plutôt, semble-t-il, sur ce dernier groupe
armorié que l'imagination de l'artiste et de l'historien
pourrait s'égarer et se donner libre carrière.

« Il serait bien intéressant dit à ce sujet M. le chanoine Cerf, de savoir ce que contenait la niche qui surmonte l'écusson de Pierre Cauchon ; ce que rappelaient
les textes disparus ; ce que signifie cet évêque, client de
sainte Catherine que Jeanne avait en vénération, client
de saint Pierre, patron de Pierre Cauchon (1) ! »

J'aime à suivre, dans cette douce rêverie, le docte et

____

(1) Notice précitée lue à l'Académie nationale de Reims.

pieux chanoine, mais il ne me semble pas qu'on puisse confirmer par de simples hypothèses, et en s'appuyant sur des données aussi incertaines, l'opinion de ceux

Bas-relief de la chapelle de la Vierge de l'ancienne cathédrale de Lisieux.

qui croient que Pierre Cauchon voulut réparer, à la fin de sa vie, la faute qu'il avait commise en faisant condamner la Pucelle.

Pourquoi donc s'ingénier à dégager de ces vestiges
du passé, ou de la construction même de la chapelle de
la Vierge par l'évêque de Lisieux, non seulement la
présomption, mais la preuve matérielle et tangible
d'un repentir manifesté par Pierre Cauchon à la fin de
sa vie?

Je comprends que les âmes pieuses ou les cœurs
patriotes, subissant l'influence des exagérations dont
je parlais au début de cette étude, essaient de faire bénéficier le juge de Jeanne d'Arc de ces prétendus témoignages d'expiation.

Ne tenant pas compte d'une époque où le sentiment
national commençait seulement à poindre, et allant
au-delà des illégalités qui entachèrent le procès de
l'héroïne, certains esprits devaient tout naturellement
admettre comme nécessaire et manifeste le repentir
d'un évêque si coupable à leurs yeux !

Il ne me semble pourtant pas que cette opinion soit
fondée, et je n'hésite nullement à me prononcer contre
une hypothèse que M. Wallon, dans sa belle *Vie de
Jeanne d'Arc*, relève simplement comme constituant
« la tradition constante du clergé de Lisieux (1) ».

Sans aller jusqu'à proclamer, avec l'un de mes cor-
respondants les plus autorisés, que « Pierre Cauchon
n'a jamais cru avoir commis un crime en condamnant
Jeanne d'Arc (2) », je pense qu'on n'a pas suffisamment
limité la responsabilité déjà si lourde de Cauchon, et je

(1) *Jeanne d'Arc*, édition illustrée, p. 359.

(2 Correspondance inédite de M. le comte de Marsy, président de la
Société française d'archéologie et auteur d'une étude sur Pierre Cauchon.

ne crois pas, dans tous les cas, qu'on puisse admettre
la légende du prétendu repentir de l'ancien évêque de
Beauvais.

On objecte l'opinion de plusieurs historiens. Ainsi,
Ducarel soutient la thèse de l'expiation et assure

Armes de Pierre Cauchon.
(Chef de voûte de la chapelle de la Vierge.)

même que cette intention de Cauchon aurait été clairement indiquée dans la charte de fondation de la chapelle. Mais, cette assertion n'a jamais pu être vérifiée
et je pense que, tout au plus, l'auteur des *Antiquités
anglo-normandes* aura interprété en ce sens l'une des
formules pieuses qu'on rencontre dans ces sortes
d'actes, au xve siècle, comme celle que nous trouverons plus loin dans la fondation faite par l'évêque au
profit de son église de Saint-Cande-le-Vieux : « *à per-*

220

pétuelle mémoire de luy et de son nom, ayant piteux
regard et considération de son âme... »

Noel Deshayes, curé de Champigny, près de Pont-
Audemer, auteur d'un curieux manuscrit cité par M. de
Formeville, pense au contraire que Cauchon ayant fait
beaucoup d'autres fondations en faveur de l'église de
Lisieux, le motif d'expiation qu'on lui prête est au
moins douteux (1).

L'historien précité de l'évêché de Lisieux estime, de
son côté (2), que cette intention d'expiation n'est prou-
vée par aucun titre. Il ajoute même que l'évêque a fait
bien d'autres œuvres qu'on ne peut attribuer à ce
motif.

En effet, si les libéralités de Pierre Cauchon furent
importantes, comme nous le verrons bientôt, puisqu'elles absorbèrent le patrimoine du testateur, on sait
que ces sortes de fondations étaient alors fort usitées.
L'évêque de Lisieux n'a donc fait que suivre les pieuses
coutumes en vigueur de son temps.

Notons qu'en dehors de la passion politique qui l'en-
traîna à renier le gouvernement légitime, et du procès
de la Pucelle, qu'il présida avec tant de partialité,
Cauchon se comporta, plus tard, en définitive, comme
la plupart des prélats contemporains.

Soit qu'il eût secrètement confessé et expié la faute
dont il avait eu conscience, — ce qu'on ne saura jamais, et ce qui est peu probable, — soit, au contraire,
qu'il eût vécu jusqu'à la fin dans une sorte de bonne foi

(1) De Formeville, *Histoire de l'évêché de Lisieux*, t. I, p. CXXVIII.
(2) *Ibid.*, t. II, p. 181.

résultant d'une véritable aberration ou des préjugés
admis alors par nombre de personnages attachés aux
Bourguignons et aux Anglais, il mourut, en apparence
au moins, très sincèrement préoccupé du salut de son
âme, comme le plus correct et le plus dévot personnage
de son temps.

Comment donc pourrait-on tirer argument, pour établir la manifestation de son prétendu repentir, d'embel-
lissements faits à la cathédrale de Lisieux, dans lesquels son amour-propre eut peut-être quelque part,
ou de libéralités testamentaires qui ne diffèrent pas sen-
siblement de celles que beaucoup de ses complices au
procès de la Pucelle firent eux-mêmes avant de mourir ?

M. Ch. de Beaurepaire, dans ses curieuses recherches
sur le procès de Jeanne d'Arc, s'est borné à poser pru-
demment un point d'interrogation, en ce qui touche
cette question ; et encore, n'y fait-il allusion que relativement à l'une des fondations de Cauchon, qui eut
pour but de donner plus de solennité aux fêtes de
l'octave du Saint-Sacrement. Il s'exprime en ces
termes : « Songeait-il à la Pucelle exécutée, par l'effet
de ses poursuites, la veille du Saint-Sacrement de
l'année 1431, l'année même où l'on commença à donner
à ces fêtes une pompe nouvelle et extraordinaire ?
Je me contente d'indiquer ce rapprochement, dit le savant archiviste, sans rien conclure (1) ».

On voit avec quelle réserve les historiens et les éru-

(1) L'archevêque de Rouen, Louis de Luxembourg, lui survécut peu. Il
mourut le 18 septembre 1443, à Ely, en Angleterre, et fut enterré dans
la cathédrale de cette ville dont il s'était fait nommer évêque. Il avait

dits les plus autorisés se sont expliqués sur les prétendues preuves de repentir qu'aurait données, pour ainsi dire publiquement, le juge de Jeanne d'Arc.

Je pense donc que la critique moderne qui ne procède que par l'étude raisonnée des documents de l'époque et de faits aujourd'hui bien connus, ne pourra que repousser, de plus en plus, ce qu'on a appelé « l'antique tradition de l'église de Lisieux ».

§ 2. — MORT DE PIERRE CAUCHON (18 DÉCEMBRE 1442)

Pierre Cauchon, ai-je dit, n'assista pas au désastre final des Anglais.

Il mourut à Rouen, en son hôtel Saint-Cande, sept ans avant l'entrée triomphale de Charles VII.

Le duc d'York qui avait repris, après la mort de Warwick, ses fonctions de lieutenant général et gouverneur de France et de Normandie, épuisait alors ses dernières ressources pour mettre Rouen à l'abri *« des grans viollences que faisoient aux dits subgiez les ennemiz et adversaires estans à Louviers, Conches, Beaumesnil et ailleurs »*.

Si nous en croyons le notaire Guillaume Colles, dit Boisguillaume, qui déposa au procès de réhabilitation de la Pucelle, l'évêque de Lisieux « mourut subitement pendant qu'on lui faisait la barbe (1) ».

compris que la France dont il s'était montré, comme Pierre Cauchon, l'ennemi acharné, ne lui devait pas de sépulture.

(1) *« Episcopus mortuus est subito, faciendo fieri barbam suam. »* (Quicherat, *Procès*.... t. III. p. 165).

Il convient de n'accueillir qu'avec réserve, sur certains points, les dépositions de plusieurs témoins de la réhabilitation. J'ai démontré notamment l'inexactitude des dires relatifs à la prétendue fin tragique des ennemis de la Pucelle. Pourtant, je pense que rien n'autorise à suspecter le détail précis et d'intérêt

Un barbier rouennais au xv⁰ siècle.
(Stalle du chœur de la cathédrale de Rouen.)

secondaire que ce témoin contemporain a fourni sur la mort de Pierre Cauchon (1).

Le poète latin Valéran, qui écrivait au xvı⁰ siècle, l'a reproduit dans son poème sur Jeanne d'Arc, en des vers que louent les auteurs du *Gallia christiana* (2).

----

(1) Je considère comme une simple fantaisie ce que M. V. Bouton a dit à ce sujet : « On n'a jamais su si le barbier étant Anglais, on lui avait coupé la gorge ou rompu la barre du cou ; et si alors les Anglais eux-mêmes s'étaient débarrassés de Cauchon comme on se débarrasse d'un instrument qui a cessé de plaire, parce qu'il est devenu gênant ». (*Pierre Cauchon...*, p. 13). — Il est manifeste que l'évêque de Lisieux mourut en pleine possession de la faveur des Anglais.

(2) « *Obiit 18 decembris 1442 dum ei barba tonderetur, quod lepido carmine cecinit Valeranus in poemate Johannæ d'Arc puellæ Aurelianæ* ». (*Gallia christiana*, t. XI, p. 794). — M. Ch. de Beaurepaire observe toutefois à propos de la déposition de Boisguillaume, que Cauchon ne mourut pas si soudainement qu'il n'eût eu le temps de faire son testament et des fondations pieuses. (*Recherches....* p. 124).

. . . . « *Johannam*
Sic et Calecanus, qui censuit esse cremandam,
Pendula dum tonsor secat excrementa capilli
Expirans cadit, et gelida præ morte cadaver
Decubat : ultrices sic pendent crimina pœnas (1) ».

Ce fut le 18 décembre 1442 que Pierre Cauchon succomba dans son manoir épiscopal de Rouen (2).

Il laissait pour héritiers son neveu Jean Bidault (3) qu'il avait fait nommer chanoine de Rouen et de Lisieux ; et une nièce, Jeanne Bidault, mariée à Jean de Rinel qui fut secrétaire du roi Henri VI pendant de longues années. C'étaient, je l'ai dit, les deux enfants de sa sœur Jeanne Cauchon (4).

L'évêque de Lisieux avait fait un testament par

(1) Valéran, *Recueil d'épitaphes*, par Regnault, 5e p., p. 48.

(2) C'est donc à tort que Weyen place ce décès au mois d'octobre 1444 ; le *Gallia Christiana*, en 1443 ; et que du Boulay le recule jusqu'en 1447. — Le Registre des délibérations du Chapitre de Rouen de 1441 à 1446 (Arch. de la S.-Inf., G. 2130) précise la date de son décès, dans une quittance de 300 livres donnée par le Chapitre aux exécuteurs testamentaires de « reverend père, *de bonne mémoire*, Pierre, évêque de Lisieux, décédé ». pour fondation d'un obit pour le salut de son âme, qui doit être célébré *in dictâ ecclesiâ die obitûs sui.... vid. die XVIII^ma mense decembris*.

(3) Le neveu de Pierre Cauchon avait été reçu chanoine de Rouen en remplacement de Midy, prédicateur de la Pucelle au Vieux-Marché, le 14 août 1439. Il décéda vers le 14 février 1454 (Reg. cap. — Ch. de Beaurepaire, *Notes*.... p. 19).

(4) *Ibid.*, p. 20. — Jean de Rinel fut enterré dans la cathédrale de Rouen, près de la chapelle des Fonts. Le logis qu'il occupait rue de la Chaîne passa à ses héritiers. En effet, en 1467 « Me Jacques et Me Philippe de Reynel, héritiers de feu maistre Jehan de Reynel » occupaient encore à Rouen « une grande maison rue de la Cayne ». (Arch. de la Seine-Inf., G. 4845 : *Jeanne d'Arc et la Normandie...*, p. 217.)

Restes de l'ancien hôtel des évêques de Lisieux, à Rouen, où mourut Pierre Cauchon,
(rue du Gaillardbois).   15

lequel il désignait pour exécuteurs testamentaires : son neveu, Jean Bidault, Nicole Caval, chanoine de Rouen ; Jean de Gouvis, docteur ès-lois, et Nic.-Bertin, chanoine de Lisieux (1).

On transporta sa dépouille mortelle à Lisieux où il devait être inhumé.

Ce fut l'occasion d'une cérémonie qui revêtit quelque solennité à Rouen. Les chanoines et les chapelains de la Cathédrale s'assemblèrent et se rendirent, en procession, à son église Saint-Cande, voisine de la porte du Bac, d'où ils suivirent le convoi funèbre jusqu'au fleuve.

C'est ce que nous apprend une quittance de 20 livres payées au Chapitre de Rouen par Nicole Caval, exécuteur du testament de Pierre Cauchon, évêque de Lisieux, décédé dernièrement, « pour accompagner processionnellement son corps, de l'église Saint-Cande-le-Vieux jusqu'à la rive de la Seine, en priant pour lui (2), »

Le registre capitulaire auquel j'emprunte ces détails, fait encore mention du décès de l'évêque de Lisieux, le 7 janvier 1443, en relatant la réclamation des sonneurs de cloches qui prétendaient ne pas avoir reçu un salaire

---

(1) Ch. de Beaurepaire, *Notes...*, p. 21. — « *Magister Joh. Bidault, tradidit in capitulo cedulam papiream in qua descripti erant articuli fundacionum obituum R. P. Petri, Lexoviensis episcopi, defuncti, et etiam domicelle Joh. Bidault, uxoris magistri Joh. de Rinel defuncte, requirens ipsos obitus irregestrari in matrologio ecclesie* (Reg. cap.; 2 janvier 1443).

(2) « *Pro associando processionaliter corpus ejusdem ab ecclesiâ Sancti Candidi Senioris Rothomagensis usque ad rippariam Secane et exorando pro eo* ».

suffisant, et se firent allouer, par les chanoines, six sols tournois en supplément (1).

Tour de l'église
Saint-Candé-le-Vieux.

Peu après, à l'occasion de l'obit de l'évêque décédé, le Chapitre était encore appelé à délibérer, à la requête du trésorier, sur la redevance qui devait être fixée pour assurer le cérémonial usité dans les obits solennels. Les exécuteurs testamentaires demandaient, en effet, que des cierges fussent allumés pendant la cérémonie, et que la grosse cloche de la cathédrale dite *Rigault* fut sonnée à cette occasion, « *sicut consuetudo est facere in obitibus solemnibus pro quanto ipsi domini consulerent sibi accordari* ».

(1) « *Anno et die predictis, domini ordinaverunt et concluserunt solvi quibusdam conquirentibus de pulsat. Campan. pro domino episcopo lexoviensi defuncto sed solidos turonenses quià asserebant se fuisse minimé solvi* (Ibid., 7 janvier).

Cette question fut régularisée par une délibération du 4 mai 1443 (1).

A Lisieux, les honneurs accoutumés furent rendus à l'évêque. D'après M. de Formeville, on conserverait encore en cette ville l'état de la dépense qui fut faite pour son inhumation (2).

Sa dépouille mortelle fut déposée près de l'autel, du côté de l'évangile, dans cette chapelle de la Vierge qu'il avait reconstruite et richement ornée à ses frais.

On y voyait encore au XVIIIe siècle sa pierre tombale en marbre noir sur laquelle était couchée sa statue en marbre blanc. Pierre Cauchon était représenté en chasuble et mitré, les mains gantées et jointes, la crosse dans le bras gauche, le pallium sur la poitrine, les pieds chaussés et posés sur un animal couché dont le cou était orné d'un collier (3).

Un précieux dessin de la collection Gaignières reproduit en frontispice, nous a conservé, avec la fidélité relative de ces sortes de documents, les traits de l'ancien évêque de Beauvais.

D'après un manuscrit de la Société historique de Lisieux, cette pierre tombale aurait été enlevée de la chapelle en l'année 1705 :

(1) *Ibid.*, 4 mai 1442 (v. s.). — Voir dans le même registre capitulaire une autre mention relative à l'obit de Pierre Cauchon, à la date du 13 mars.

(2) *Hist. de l'évêché de Lisieux*, t. II, p. 182.

(3) Tumulatus *est Lexovii in æde cathedralis S[ti] Petri prope altare a latere evangelii in quâ vicarium quartum instituerat, dotaveratque et sacellum B[æ] Mariæ Virginis ædificaverat, ubi sub tumulo e marmore nigro quiescit.* (Gall. christ., t. XI, p. 794).

230

« Le 30 décembre 1705. — On a réparé l'autel de la chapelle Notre-Dame dans la cathédrale de Lisieux, ce qui obligea d'ôter encore une ancienne et mémorable antiquité de cette chapelle : c'était le tombeau de Mᵉ Pierre Cauchon, évêque de Beauvais et depuis de Lisieux, inhumé en cette chapelle comme ayant fait faire la dépense pour l'augmentation d'icelle. Ce tombeau était orné d'une voûte de pierre de Caen qui le couvrait et d'une grille de fer très solide. De tout ceci, il n'est resté que le seul tombeau en l'état qu'on le voit encore à présent (1) ».

« Dans ce tombeau fut inhumé, le 29 septembre 1783, Mgr de Condorcet, dernier évêque de Lisieux. Sur le caveau on plaça une table de marbre avec ces mots : 1783, Jacques-Marie de Condorcet, évêque et comte de Lisieux ».

« Les cendres de ce prélat furent portées au cimetière en 1793; la tombe en plomb fut fondue. L'histoire ne dit pas que P. Cauchon eut le même sort (2) ».

Tels sont les renseignements certains qui nous sont fournis sur la mort et sur la sépulture du juge de Jeanne d'Arc. Quant aux assertions de certains historiens concernant l'anathème qu'il aurait encouru dans la suite, on doit les considérer comme absolument inexactes.

Ainsi, il n'est nullement établi, comme on l'a prétendu, que la mémoire de Cauchon ait été flétrie par le

pape Calixte III, qui aurait lancé contre lui une excommunication, lors de la réhabilitation de la Pucelle ; ni
que les ossements de ce prélat aient été jetés à la voirie,
comme ceux d'un excommunié (1).

Les auteurs du *Gallia christiana*, qui écrivaient vers
1620, affirment qu'à cette époque les restes de l'évêque
reposaient dans la cathédrale de Lisieux, sous le
marbre noir de la tombe que je viens de décrire.

En outre, si Cauchon avait été excommunié par le
pape, le Chapitre de Reims n'aurait pas, le 19 décembre
de chaque année, célébré la messe pour le repos de son
âme, comme l'atteste l'obituaire de la cathédrale de
1583 (2).

De même, le chapitre de Rouen, qui le compta toujours au nombre de ses bienfaiteurs, ne lui aurait sans
doute pas conservé dans ses délibérations, longtemps
après la réhabilitation de la Pucelle, la qualification
que j'ai fréquemment relevée plus haut de *feu de
bonne mémoire*, quoique cette qualification fût de
style dans les actes du temps. Il n'aurait pas non plus

(1) Louvet, historien de Beauvais, rapporte à tort que ses « ossements
furent tirés de l'église de Saint-Pierre en Vallée où il avoit été enterré et jet-
tés à la voirie ». (*Histoire de Beauvais et des antiquitez du Beauvaisis*,
par M. Pierre Louvet, advocat au siège présidial de Beauvais, à Rouen,
1613). — Voir aussi *Notice sur maître Jean Masselin*, Caen, 1851, pp. 3
et 4. — Mézerai dit à ce sujet qu'il ne fut besoin de rien ordonner
contre les juges qui avaient condamné la Pucelle. — Moreri, au mot *Jeanne
d'Arc*, s'exprime de même.

(2) *Missa pro P. Cauchon, Belvacensi, et Ludovico de Sery, cons-
tansiensi episc.* — Obituaire du Chapitre, 1583 ; Varin, Arch. législ.,
2e partie, Statuts, 1 vol. XIX décemb. (Citation de M. le chanoine
Cerf.)

232

maintenu son nom sur ses obituaires jusqu'à la Révolution (1).

Il faut donc s'en tenir aux faits que j'ai relatés ci-dessus, et rejeter des légendes qui sont contredites par des documents indéniables.

§ 3. — FONDATIONS PIEUSES DE PIERRE CAUCHON

Cauchon n'avait laissé, en mourant, qu'un assez mince patrimoine.

On est frappé de la multiplicité des legs et fondations qu'il fit par testament.

Il avait obtenu, le 24 août 1441, du roi Henri VI, la permission d'employer en legs pieux, jusqu'à concurrence de cinquante nobles du coin d'Angleterre (2).

Il n'oublia aucune des villes et cathédrales dont le souvenir se rattachait à sa vie si tourmentée : Reims, Beauvais, Paris, Rouen et Lisieux !

A *Reims*, il fonda un obit qui fut célébré pour le repos de son âme, chaque année, le 19 décembre, ainsi qu'il vient d'être dit.

A *Beauvais*, ce fut le souvenir des membres de sa famille qui l'inspira. Il institua en l'église collégiale de Notre-Dame-du-Château, deux obits pour son frère

(1) Ch. de Beaurepaire. *Recherches*.... p. 121. (Arch. de la Seine-Inf., obituaires de Masselin. XV⁰ sc ; de Jean Delaitre. 1503 ; de Digouville, 1604.

(2) Ch. de Beaurepaire. *Notes*..., p. 21. (Arch. de la Seine-Inf., Cartul. des Célestins de Rouen).

Jean qui y était enterré, et pour le salut de son père, de sa mère, de ses parents, amis et bienfaiteurs, tant vivants que trépassés (1).

A *Paris*, il voulut qu'une messe fût célébrée dans la chapelle de Saint-Nicolas, en l'église de Sainte-Geneviève. D'après le nécrologe de cette église, cette messe devait être acquittée le 15 des calendes de janvier (2).

A *Lisieux*, il dota la Cathédrale d'un quatrième vicaire, et fonda une grand'messe qui devait être chantée tous les jours, dans la chapelle de la Vierge, par le chapelain de la première portion de Notre-Dame, et par les enfants de chœur (3).

Il y fonda aussi un obit qui devait être célébré tous les quinze jours pendant l'année, et donna au chapitre, pour cette fondation, les fiefs nobles de la Messelinaie et du clos Michel situés à Saint-Martin-du-Val-d'Orbec (4). Cette fondation était faite, en outre, pour augmenter le nombre des chantres, des clercs, des chapelains et des vicaires de son église Cathédrale.

Ce fut vraisemblablement en exécution de ses dernières volontés, dit M. Ch. de Beaurepaire (5), que, le 29 mars 1467, Nic. Bertin et Jean de Gouvis « exécuteurs du testament et derraine volonté de deffunct, *de bonne mémoire*, Mons* Pierre Cauchon », donnèrent

(1) *Gallia christiana*, t. IX, col. 757.

(2) C'est-à-dire le 18 décembre. De Formeville, *Ibid.*, t. II, p. 181.

(3) *Gallia christiana*, Ibid.

(4) Il avait acquis ces immeubles de dame Marie du Mailloc, veuve de Messire Jean de Tournebis, chevalier, suivant contrat passé à Rouen, le 17 janvier 1441.

(5) *Notes...* p. 22.

aux doyen et chapitre de l'église Saint-Pierre de
Lisieux, une pièce de pré assise ès prés du Quesne en
la paroisse de Saint-Hippolyte de près Lisieux. Les
chanoines s'engagèrent « à chanter et à dire perpétuel-

La cathédrale de Rouen au XVe siècle.
(Dessin de Charpentier).

lement pour le salut de l'âme du défunt et autres ses
parents, amis et bienfaiteurs, par chascunes des vigilles

des 5 festes Notre-Dame, après vespres et devant complies, le répons *Sancta et inviolata* avec le verset, à commencer le répons dedans le cueur de lad. église, en allant... processionnellement dedans lad. chapelle N.-D. où est le sépulcre dudit évesque (1) ».

La Cathédrale de *Rouen* eut aussi une large part dans ses libéralités. Cauchon légua au Chapitre, je l'ai déjà dit, une somme de 300 livres pour acheter 10 livres de rente à affecter à la célébration de son obit, le jour anniversaire de son décès, et 20 livres en plus pour les frais du service funèbre. Il lui légua aussi un certain nombre de livres qui furent remis par ses exécuteurs testamentaires, et enchaînés suivant l'usage, après restauration, sur les pupitres de la Librairie du chapitre (2).

Il n'oublia pas non plus son église Saint-Cande-le-Vieux à laquelle il laissa pareille somme de 300 livres pour fondation d'une messe en l'honneur de la Vierge, tous les samedis de l'année, et d'offices solennels, tous les jours des octaves du Saint-Sacrement (3).

Enfin, il eut un souvenir pour l'Université de Caen,

(1) Reg. cap. précité, 18 nov. 1444.

(2) Reg. cap. précité, 18 nov. 1444.

(3) Arch. de la Seine-Inférieure, G. C. 360. — Cette fondation ne fut réalisée que le 23 septembre 1450. (*Ibid.*, G. 3574.) Voir aussi G. 6337 : « pièces de la fondation de M. Cauchon, évêque de Lizieux : une pièce datée du 23 septembre 1450, contrat par lequel il paroît que le dit sieur Cauchon a donné au Trésor 300 écus d'or une fois payés. Il se dit quatre hautes messes de *Beata* les 4 premiers samedis du mois de janvier, février, mars et avril, suivant l'article 6 du mémoire ». J'ai déjà signalé certaine formule de cette donation reproduite *in extenso* aux Pièces justificatives.

et y fonda, suivant le P. Brice (1), deux places pour deux écoliers (2).

Ces nombreuses libéralités paraissent avoir absorbé, et au-delà, la fortune de l'évêque de Lisieux.

Les exécuteurs testamentaires s'acquittèrent bien lentement, quoique avec zèle, de leur mission de confiance. Ils ne semblent pas avoir rencontré de difficultés, à l'origine, du côté des héritiers, Jean Bidault et Jean de Rinel. Mais, ce dernier étant décédé en 1449, deux de ses enfants firent entendre, beaucoup plus tard, de très vives doléances, au sujet de la succession de leur grand-oncle.

Le testament de Cauchon, dit M. Ch. de Beaurepaire,

______

(1) J'ai dit précédemment que Pierre Cauchon, en qualité d'évêque de Lisieux, avait été nommé conservateur des privilèges de cette Université fondée par Henri VI.

(2) Voici en quels termes l'ancien évêque d'Avranches rapporte cette fondation dans ses *Origines de Caen* :

« Pierre Cauchon, évêque de Lisieux, fut le premier auteur de la fondation du collège Du Bois, plutôt que son fondateur. Il avait ordonné par son testament que, de la somme de mille livres qu'il voulait qui fût prise sur sa succession, on acquît une rente pour assurer à perpétuité la subsistance de deux écoliers dans l'Université de Caen. En conséquence, Jean de Gouvis, docteur ès lois, archidiacre de Bayeux, exécuteur de son testament, acquit en 1470, dans la paroisse de Saint-Sauveur, une maison et quelques rentes dont le prix excédait la somme destinée à cet emploi. Mais les commissaires du roi soutenaient que les biens du défunt évêque étaient confisqués pour cause de forfaiture, et les héritiers se prétendant d'ailleurs créanciers sur sa succession, Jean de Gouvis qui avait donné cette maison à l'Université pour la subsistance de quelques écoliers boursiers, fut contraint de la racheter moyennant la somme de 1.200 livres qu'il paya de ses propres deniers. On commença à y établir le collège Du Bois » (ch. XVIII. p. 279).

faillit brouiller le Chapitre de Rouen avec le roi Louis XI, plus de trente ans après la mort du prélat. Jacques et Philippe de Rinel (1) dénoncèrent au roi Jean de Gouvis, l'un des exécuteurs. Ils firent entendre qu'il restait détenteur de biens considérables ayant appartenu à l'évêque de Lisieux et dont il refusait de rendre compte.

Cette dénonciation fut suivie d'une perquisition faite sur l'ordre du procureur du roi, Henri Picart, par des sergents qui firent irruption dans la maison occupée par ce chanoine, bien que ce fût une franche aumône exempte, à ce titre, de la juridiction séculière. On voulut même contraindre le Chapitre à faire ouvrir un coffre placé en la Cathédrale, où Jean de Gouvis déposait les ornements dont il se servait pour célébrer les offices.

Ce ne fut pas sans peine qu'on fit comprendre aux petits-neveux que tout le patrimoine de Pierre Cauchon avait été employé en exécution de ses volontés.

Ces mesures violentes provoquèrent une grande émo-

(1) Nous retrouverons ces petits neveux au procès de réhabilitation. — Le neveu de Cauchon, Jean de Rinel, avait eu de son mariage avec Jeanne Bidault, trois enfants : *Jacques*, qui fut chanoine de Rouen et de Lisieux et curé de Saint-Martin-sur-Renelle de Rouen ; *Philippe*, licencié en droit, plus tard greffier des Élus de Caen ; et *Louis*, aussi licencié en droit, seigneur de Bracheul. Ils sont cités dans l'acte d'une donation faite par eux à Jean de Gouvis, d'une masure sise à Lisieux, 24 avril 1461 (Tab. de Rouen). On trouve encore un Jean de Rinel, probablement leur frère, qui était chanoine de Coutances, et résidait, en 1439, à Rouen, où il fut cité pour l'élection d'un nouvel évêque. (Arch. de la Seine-Inf., F. de Saint-Lô) ». (Ch. de Beaurepaire, *Notes sur les Juges...*, p. 21.)

tion parmi les chanoines qui durent, pour s'en défendre, réclamer l'intervention des échevins de Rouen et la protection de Louis d'Harcourt, patriarche de Jérusalem.

Ils furent même obligés, ajoute M. de Beaurepaire, d'envoyer des députés vers Louis XI « qu'on a lieu d'être surpris de voir porter un si vif intérêt aux héritiers du plus grand ennemi de la Pucelle (1) ».

Mais, tout ne semble-t-il pas étrange dans ce XVe siècle, et dans ces cours royales de Charles VII et de Louis XI, où les pires adversaires de la veille devenaient si facilement les alliés et les favoris du lendemain?

§ 4. — LES HÉRITIERS DE PIERRE CAUCHON AU PROCÈS DE RÉHABILITATION DE LA PUCELLE (1456). — JUGEMENT PORTÉ SUR L'ÉVÊQUE DE BEAUVAIS PAR LES PRÉLATS CONTEMPORAINS.

Il ne me resterait qu'à clore cette étude, si je n'avais à cœur de suivre les héritiers de Pierre Cauchon devant le Tribunal ecclésiastique qui réhabilita la mémoire de Jeanne d'Arc condamnée par leur grand-oncle.

L'évêque de Lisieux était mort sans avoir jamais été inquiété à raison du procès de Rouen, mais, quatorze ans plus tard, ses héritiers furent officiellement et publiquement mis en demeure de répondre pour leur auteur et de défendre, s'ils s'y croyaient fondés, son œuvre néfaste.

J'ai pensé qu'après avoir épuisé tous les renseigne-

(1) Ch. de Beaurepaire, *Notes...* p. 23.

ments que j'ai pu recueillir sur ce personnage à la fois évêque, chef de guerre, diplomate et juge ecclésiastique, il n'était pas sans intérêt d'évoquer les nobles et sympathiques physionomies des prélats français qui

Portrait authentique de Charles VII.

dénoncèrent ses détestables manœuvres et eurent l'honneur de faire prononcer la réhabilitation solennelle de notre grande héroïne nationale.

Mon intention n'est pas, d'ailleurs, de retracer les différentes phases de cette longue et mémorable procédure de révision qu'ont vulgarisée Quicherat, Wallon,

240

O'Reilly, J. Fabre, Lanéry d'Arc, le P. Ayroles, et tant
d'autres.

Je me bornerai à les rappeler sommairement.

Lorsque Charles VII, après la prise de Rouen, se
souvint de la suppliciée du Vieux-Marché, et chargea
Guillaume Bouillé, de l'Université de Paris, d'instruire
sur le « tel quel procez fait par certaines personnes à ce
commis.... pour savoir la vérité du dit procez et la
manière comment il a esté déduit et procédé » (15 février 1450), on entendit sept témoins dont les dépositions mirent en lumière « l'esprit de haine et de vengeance perverse qui avait animé les juges (1), l'acharnement de l'évêque de Beauvais, les menaces proférées
contre quelques assesseurs plus humains, les irrégularités et nullités de la procédure, le caractère subtil
et cauteleux des interrogatoires, » etc.

C'était le faisceau de preuves nécessaires pour obtenir le concours de la papauté à l'œuvre de justice et de
réparation.

Mais la cour de Rome, circonvenue par la diplomatie anglaise, ne crut pas devoir suivre Charles VII
dans cette première tentative.

Comme l'a dit justement M. Wallon, le procès fait
par l'Eglise ne pouvait et ne devait être aboli que par
elle.

L'honneur de reprendre ce grand projet et de lui
donner une forme juridique, était réservé au cardinal
d'Estouteville, normand d'origine, qui fut l'une des

____

(1) Ch. de Beaurepaire, *Notes...*, p. 26.

gloires de l'église de Rouen, et qui a laissé partout, à Rome, à Paris, au Mont-Saint-Michel, comme dans la capitale normande, des marques de sa munificence.

Ce fut au cours d'une mission qu'il accomplissait en France, comme légat du pape, pour réconcilier les rois de France et d'Angleterre, en vue d'une alliance contre Mahomet II, que le cardinal vint à Rouen, pour y ouvrir une *information d'office* sur le procès de la Pucelle, dans le manoir archiépiscopal de cette ville (1).

Ce prélat, assisté de l'inquisiteur Jean Bréhal, entendit cinq témoins et délégua ensuite ses pouvoirs à Philippe de la Rose, trésorier de la cathédrale de Rouen (2).

Cette information d'office eut pour conséquence d'engager l'Eglise dans la voie de la révision du procès, par ses représentants les plus autorisés : l'inquisiteur et le légat du pape secondés par le Chapitre de Rouen. Puis, on eut l'heureuse inspiration de faire intervenir la famille de Jeanne et de réduire l'affaire, en apparence, aux proportions d'un simple débat privé.

Pendant ce temps, le cardinal d'Estouteville fut appelé à l'archevêché de Rouen (23 février 1453), à la mort de Raoul Roussel qui, après avoir été l'un des premiers complices de Pierre Cauchon, s'était rallié sincèrement au gouvernement de Charles VII.

Le pape Nicolas V qui lui avait conféré cette dignité, sous les réserves de droit au profit du Chapitre, persista dans ses hésitations, relativement au procès de

(1) Quicherat, *Procès...* t. III, p. 291, 292, 309, 310.
(2) Voir *Jeanne d'Arc et la Normandie au XVe siècle*, p. 520, 521.

réhabilitation, jusqu'à sa mort (1). Mais, Calixte III, son successeur. à peine élevé au souverain pontificat (8 avril 1455), ordonna solennellement la révision du

Le cardinal d'Estouteville.
(D'après un tableau de l'Archevêché de Rouen.)

procès de la Pucelle déjà facilitée par les *Mémoires* et *Consultations* des prélats et docteurs les plus autorisés de ce temps (2).

(1) Voir sur ce point : *La Pucelle devant l'Église et son temps*, par le P. Ayroles, p. 602.

(2) Théodore de Lellis, Paul Pontanus, Pierre Lhermitte. Guidon de

Jean Juvénal des Ursins, archevêque de Reims, qui présida le tribunal
de réhabilitation (collection Gaignières).

La bulle qui ouvrait ce mémorable débat débutait par
un exposé à la fois prudent et diplomatique où l'on ménageait les personnalités visées. On y lisait que le
promoteur d'Estivet, « suborné comme on peut le
croire, par quelques ennemis de Jeanne, de ses frères
et de sa mère, a fait de faux rapports à Pierre, *de bonne
mémoire*, pour lors évêque de Beauvais, et à Jean
Lemaître, de l'ordre des Frères Prêcheurs, agissant
comme délégué, quant à ce, de l'inquisiteur du mal
hérétique pour cette partie de territoire ».

Mais, plus loin, le rédacteur de cet exposé s'animait
et précisait les charges graves accumulées contre la
procédure de 1431 :

« Sans qu'il y eut flagrant délit, véhémence de
soupçons, ni clameur publique, ils ont mis la dite
Jeanne en prison et en garde..... ; après lui avoir
enlevé tout moyen de défendre son innocence,
mettant de côté toutes règles de droit, n'en faisant
qu'au gré de leur volonté, et procédant avec nullité, ils
ont, dans cette inquisition, rendu contre elle une sentence définitive inique par laquelle ils l'ont jugée hérétique et déclarée convaincue de tous les crimes et excès
dont elle était accusée..., etc »

Par ce rescrit, pour ainsi dire introductif d'instance,
le pape désignait trois prélats de tout temps hostiles au
gouvernement anglais : *Jean Juvénal des Ursins, archevêque de Reims*, qui avait remplacé, en 1432,

Versailles, Jean Bréhal, Thomas Bazin, Martin Berruyer, Jean Bochard,
Jean de Montigny, Guillaume Bouillé, Robert Cibole, etc. — Voir Lanéry
d'Arc, *Mémoires et Consultations en faveur de Jeanne d'Arc*.

Guillaume Chartier, évêque de Paris, juge de la réhabilitation.
(Collection Gaignières).

comme évêque de Beauvais, Pierre Cauchon chassé par ses diocésains, et qui avait assurément tous les titres pour présider à la révision du procès de la Pucelle, puisqu'il était le métropolitain de l'évêque qui avait rendu la sentence; *Guillaume Chartier, évêque de Paris*, né à Bayeux vers 1409, et qui jouissait d'une grande réputation de justice, de modération et de charité (1); *Richard Olivier de Longueil, évêque de Coutances*, ancien official de Rouen, ami du cardinal d'Estouteville, et l'une des personnalités les plus importantes du clergé français (2).

Ces trois prélats s'adjoignirent, comme délégué de l'Inquisition, l'inquisiteur général, Jean Bréhal, qui fut « l'âme de la réhabilitation ».

La redoutable institution qui avait couvert de son autorité les manœuvres des Anglais et de l'évêque de Beauvais, se devait à elle-même de revenir sur l'iniquité de la sentence de 1431.

Les trois délégués du pape devaient également appeler au procès le sous-inquisiteur établi dans le diocèse de Beauvais, avec le promoteur des affaires criminelles de la cour de ce même diocèse, « ainsi que tous ceux à évoquer en pareil cas ».

Parmi ces derniers, devaient figurer, en première ligne, les représentants de l'évêque décédé.

(1) La lame de cuivre jaune sur laquelle l'évêque était représenté, et que nous a conservée le dessin de Gaignières reproduit ici, était placée jadis au milieu de l'entrée du chœur de la cathédrale de Paris.

(2) Appelé au siège de Rouen, concurremment avec Philippe de la Rose, en 1453, il s'était désisté en faveur du cardinal d'Estouteville, pour éviter un conflit.

Aussi, après la remise du rescrit pontifical, en l'église
Notre-Dame de Paris, devant Isabelle Romée, mère de
Jeanne, soutenue par ses deux fils, Jean et Pierre d'Arc
(7 novembre 1455), et avant l'ouverture solennelle du
procès à Rouen (12 décembre 1455), les héritiers de
Pierre Cauchon furent sommés de se présenter, comme
tous intéressés dans la cause, pour soutenir leurs
moyens ou raisons devant les commissaires apostoliques (1).

A la première audience, personne ne se présenta pour
l'ancien évêque de Beauvais défunt. On prononça défaut et il fut sursis jusqu'au 15 décembre.

Les représentants de Cauchon ne se présentèrent pas
davantage à cette date, et les juges accordèrent aux
défaillants un dernier délai jusqu'au 20 décembre.

Le 18 décembre, le procureur Prévosteau, au nom de
la famille d'Arc, remit sa requête qui résumait la cause
de nullité du procès de 1431, et concluait à ce que la
sentence fût cassée *avec toutes ses dépendances*.

Enfin, le 20 décembre, jour où expirait le dernier
délai accordé aux défaillants, Me Jean de Gouvis, chanoine de Rouen, l'un des exécuteurs testamentaires de
Cauchon, se présenta devant le tribunal au nom de la
famille du juge de Jeanne d'Arc.

Les petits-neveux de l'évêque avaient sans doute
jugé plus prudent, au dernier moment, de se désister

(1) Ils furent sommés par affiches aux portes des cathédrales de Rouen
et de Beauvais. En outre, des notifications particulières furent faites à
ceux qu'indiquaient les lettres apostoliques. — Voir Quicherat, *Procès...*,
t. II, p. 113, 136.

formellement de toute défense dans cette affaire, afin de n'être pas inquiétés ultérieurement et de rejeter sur les Anglais toute la responsabilité du procès de Rouen.

Signature de François Ferrebouc,
greffier du procès de réhabilitation. (Stowe mss. 486, British Museum.)

Les circonstances politiques étaient bien changées, et ils sentaient si bien que toute résistance était inutile, qu'ils chargèrent même leur mandataire de rendre hommage à la vie chrétienne, pure et sans tache de celle que leur grand oncle avait condamnée comme sorcière et hérétique !

Ainsi, Cauchon allait recevoir de sa propre famille un véritable désaveu ; « aucun des siens ne tentait de défendre sa mémoire, et leur unique souci était de sauvegarder leurs droits dans sa succession » (1) qui n'était pas encore liquidée, et qu'ils croyaient peut-être encore leur réserver d'agréables surprises.

Voici, d'ailleurs, la déclaration que fit Jean de Gouvis, en son nom et en sa qualité de procureur de la famille Cauchon (2).

1) Le P. Ayroles, la Pucelle devant l'Eglise de son temps, p. 623.
(2) Quicherat, Procès.... t. II, p. 193, 194, 195, 196. — « Le 20 décembre, comparut vénérable et docte personne, maître Jean de Govys, chanoine de Rouen, qui, en son nom et au nom de Me Jacques

« Moi, Jacques de Rinel, maître ès arts, fils aîné de Jean de Rinel, et de Guillemette, sa femme, héritier de feu Pierre Cauchon de bonne mémoire, évêque de Lisieux et auparavant évêque de Beauvais, ainsi que mes frères, sœurs et autres parents, nous ne voulons pas soutenir la validité d'un procès qui ne nous concerne en rien, d'autant plus que, quand il a eu lieu, ou nous étions tout petits enfants, ou nous n'étions pas encore nés (*aliqui parvuli, aliqui adhuc nascituri*).

« Nous avons entendu dire que Jeanne la Pucelle, malgré sa vie chrétienne, pure et sans tache, avait été victime de la haine des Anglais qui ne lui pardonnaient pas de leur avoir causé en guerre de grands dommages et d'avoir bien servi le roi de France.

« C'est donc peut-être à eux que revient la responsabilité d'un procès qu'ils ont malignement fait venir en cour d'Eglise, et qui certainement n'aurait pas eu lieu si Jeanne eut été de leur parti.

« Quoi qu'il en soit, nous requérons que la réhabilitation de la Pucelle ne tourne pas à notre préjudice, et nous invoquons le bénéfice de l'amnistie bénignement prononcée par le roi notre seigneur, lors de la réduction de la Normandie ».

Cette déclaration qu'avait signée le principal inté-

de Rivel (de Rinel) et des autres cohéritiers de feu M. Pierre Cauchon. autrefois évêque de Beauvais, etc... ». Le tribunal, en présence de Guillaume Boullié, d'Hector de Coquerel, et de Pierre Maugier, lui déclara que l'intention des juges n'était pas de faire quoi que ce soit au mépris de l'amnistie et du pardon accordé par le roi de France aux habitants du duché de Normandie. Après quoi lecture fut donnée des pouvoirs de Jean de Gouvys, qui passa la déclaration ci-dessus.

ressé, fut consignée aux procès-verbaux et eut pour effet de mettre les héritiers de Pierre Cauchon implicitement hors de cause.

Jacques et Philippe de Rinel, qui demeuraient à Rouen, purent continuer d'habiter en paix leur « grande maison de la rue de la Cayne ».

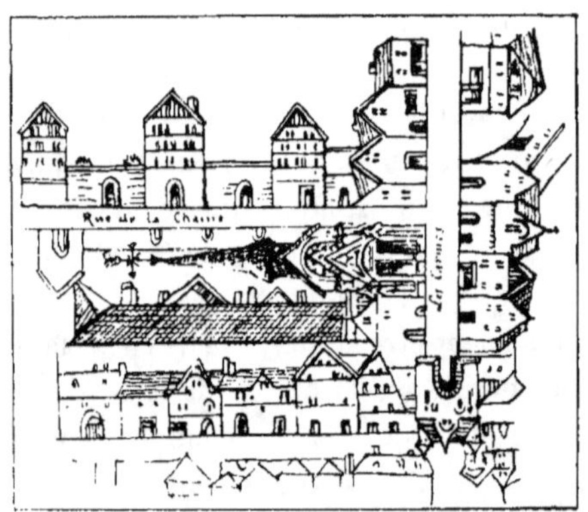

Maison habitée par les héritiers de Pierre Cauchon, rue de la Chaîne (actuellement place des Carmes).

Après ce désistement, le procès se déroula, à Rouen, avec toutes les formes juridiques.

Simon Chapitault formula son réquisitoire qui concluait à une enquête sur la vie et les mœurs de Jeanne, ainsi que sur la manière dont elle avait compris la recouvrance de son pays.

Il fut encore question de la défense de Pierre Cauchon, le 16 juillet 1456, quand Me Bredouille, promoteur de Beauvais, se présenta pour essayer de le dis-

culper, au moins pour la forme. En réalité, il s'en
remit simplement à la sagesse du tribunal. Son exemple
fut suivi par Chaussetier, prieur du couvent d'Evreux,
où l'on pensait que Jean Lemaître se trouvait caché (1).

Personne ne contestant le réquisitoire, il fut entériné.

Puis, dans les vastes informations qui furent faites
à Rouen, à Paris, à Orléans, à Domrémy, à Vaucou-
leurs et à Toul, on entendit « la France entière élever
la voix pour attester les vertus de sa libératrice (2) ».

Pour bien comprendre ce que les prélats et docteurs
de l'époque pensèrent des manœuvres de Pierre Cauchon au procès de Jeanne, il faudrait parcourir avec
les mémoires et consultations insérés au procès de
réhabilitation, cette vaste enquête ordonnée par les
commissaires apostoliques, et le réquisitoire de Chapitault.

Ces appréciations sont résumées avec une concision
sévère, dans la sentence solennelle qui fut rendue à
Rouen le 7 juillet 1456 :

« Nous disons, prononçons, décrétons et déclarons
que lesdits procès et sentence, entachés *de dol, de
calomnie, d'iniquité, de contradictions, d'erreurs
manifestes de fait et de droit*, ainsi que l'abjuration
susdite, les exécutions et tout ce qui s'en est suivi, ont
été, sont et demeureront nuls, non avenus, sans valeur,
sans autorité..... Nous déclarons que ladite Jeanne,
ainsi que ses parents, les demandeurs, n'ont contracté
à l'occasion des susdites sentences, ni tache, ni note

(1) Voir de l'Averdy, *Notices des manuscrits...*, t. III, p. 263.
(2) Joseph Fabre, *Procès de réhabilitation...*, t. I, p. 63.

d'infamie..... Nous ordonnons que l'exécution ou promulgation solennelle de notre présente sentence aura lieu sur le champ, dans cette cité, en deux en-

Signature de Comitis, Denis Lecomte,
greffier du procès de réhabilitation. (Ms. précité).

droits : à savoir aujourd'hui même, sur la place de Saint-Ouen, après une procession générale et un sermon public ; demain au Vieux-Marché, à l'endroit même où ladite Jeanne fut cruellement et horriblement brûlée et étouffée par les flammes du bûcher, avec une prédication solennelle qui sera faite en ce lieu. »

En attendant le jugement des historiens ou des érudits de l'avenir, on peut dire que les prélats contemporains rendaient ainsi, dès lors, contre l'ancien évêque de Beauvais, un arrêt dont sa mémoire ne devait jamais se relever.

Les 7 et 8 juillet 1456, Jacques et Philippe de Rinel purent entendre, du fond de ce vieil hôtel de la rue de *la Cayne* qui avait réuni si souvent, jadis, Pierre Cauchon et les plus farouches ennemis de la Pucelle, les clameurs de la foule enthousiaste qui se rendait à Saint-Ouen et au Vieux-Marché pour entendre pro-

clamer publiquement l'iniquité de la condamnation
prononcée par le juge de Jeanne d'Arc !

§ 5. — UN HOMONYME DE PIERRE CAUCHON

En terminant, et puisque j'ai essayé, dans le cours
de ce travail, de rectifier quelques inexactitudes et de
combattre quelques préjugés concernant Pierre Cauchon et son époque, il me faut signaler l'erreur de ceux
qui ont voulu voir un même personnage dans l'ancien
évêque de Beauvais et dans son contemporain, Pierre
Cochon, notaire à Rouen, et auteur de la *Chronique
normande* (1).

Cette thèse a été soutenue, en dernier lieu, dans une
publication où l'on invoque l'opinion du généalogiste
d'Hozier (2) : « Les deux Pierre Cochon ou Cauchon,
dit-on, se valent et n'en font peut-être qu'un. Les Cauchon de Normandie ne peuvent être que la souche de ceux
de Champagne; les deux ortographes du nom n'en font
même pas la différence, et j'en trouve la preuve dans la
Recherche de Montfaut où un Thomas Cauchon était
établi à Saint-Sauveur-le-Vicomte en 1463..... que
le Pierre Cochon de la *Chronique normande* ait été

---

(1) Cette chronique publiée d'abord par M. Vallet de Viriville, à la suite
de la *Chronique de la Pucelle*, de Cousinot, en 1859, a été rééditée en
entier, en 1870, par M. Ch. de Beaurepaire, pour la Société de l'histoire
de Normandie.

(2) V. Bouton, *A propos de Jeanne d'Arc, Pierre Cauchon, etc.*,
Paris, 1890, pp. 6, 7, 12.

notaire apostolique ou notaire de la Cour épiscopale, Pierre Cauchon a bien pu joindre ses titres à tous les siens. Il y a encore d'autres similitudes aussi étranges, aussi frappantes, devant lesquelles je suis comme atterré. Pierre Cochon a pris ses grades en l'Université de Paris, comme Pierre Cauchon, et en même temps que lui, etc... »

M. Ch. de Beaurepaire (1) et M. le comte de Marsy (2) ont réfuté péremptoirement cette argumentation, et la question ne souffre désormais aucune discussion.

Sans m'arrêter à des assertions plus ou moins exactes, comme celle qui prête aux deux personnages les mêmes sentiments politiques (3), je constate que nous connaissons aujourd'hui, grâce aux recherches de M. Ch. de Beaurepaire, la biographie exacte de Pierre Cochon, qui naquit à Fontaine-le-Dun, dans la vicomté d'Arques, ainsi que l'établit un contrat passé par lui en 1437.

On sait que son père, Jean Cochon, bourgeois de

(1) *Notice sur Pierre Cauchon*, Académie de Rouen, 1859-1860, Rouen, 1863, p. 299; et *Introduction* à l'édition de la *Chronique normande*, 1870.

(2) *Pierre Cauchon, évêque de Beauvais....* Compiègne, 1890, p. 9 et s.

(3) Pierre Cochon paraît avoir blâmé, au moins implicitement, le procès de la Pucelle. M. Ch. de Beaurepaire n'est pas éloigné d'attribuer à ce sentiment le silence qu'il a gardé, dans sa *Chronique*, sur des événements qui eurent un si grand retentissement. Evidemment, s'il les a omis, c'est par prudence et parce qu'il les aurait appréciés de façon à froisser les Anglais, maîtres de la cité. Voir *Jeanne d'Arc et la Normandie au XVe siècle*, p. 560 et 561.

Rouen, vivait encore en 1443, et que son frère Jacques,
chanoine de Rouen, est mort en 1473 (1).

Cochon devint notaire apostolique vers 1425. Cet

Signe et signature de Pierre Cochon.
(Arch. de la Seine-Inférieure. G. 5373.)

enfant du pays de Caux était donc le collègue de Boisguillaume et de Manchon, greffiers au procès de la
Pucelle !

J'ajoute qu'on rencontre fréquemment, dans les actes
du temps, sa signature et son *signe* qu'on peut comparer avec la signature, les sceaux et le *sinet* de Pierre
Cauchon qui sont reproduits plus haut.

Enfin, ce fut Cochon qui authentiqua, avec Manchon, le testament du duc de Bedford. On trouve au bas
de cet acte du 10 septembre 1435, conservé aux archives
de la Seine-Inférieure, les attestations et signatures
des notaires Guillaume Manchon et Pierre Cochon (2).

Le doute n'est donc plus permis en présence de faits
et de documents aussi concluants !

(1) Bouquet, *Les Tombeaux de la Cathédrale de Rouen*, éd. de 1881,
pp. 211 et 212.

(2) Voir de semblables signatures de Manchon, de Colles et de Cochon,
aux archives de la Seine-Inférieure, série G.. 357.

Cochon fut curé de Vittefleur en 1436, mais il échangea bientôt ce titre contre la cure d'une portion de Fontaine-le-Dun.

Il mourut le 22 février 1449, et fut inhumé dans le cimetière de l'église de Saint-Etienne-la-Grande-Eglise, qui était attenante à la cathédrale de Rouen (1).

Ce dernier renseignement nous est fourni par un extrait du registre capitulaire, à la date du 28 avril 1449 : « Messieurs, en conseil de Chapitre, accordèrent à M⁶ Jacques Cochon qu'il pût faire apposer sur le mur de l'église, à l'extérieur, une épitaphe proche des lieux où furent inhumés son père et sa mère et *maître Pierre Cochon*, son frère, dans la paroisse de Saint-Etienne (2). »

L'identité de Pierre Cochon ne saurait donc être établie plus clairement, et c'est justice de séparer soigneusement la mémoire du chroniqueur normand de celle du juge de Jeanne d'Arc à Rouen !

§ 6. — LA FIN D'UNE LÉGENDE.

Qu'on me permette un dernier mot pour faire justice d'une légende qui a été propagée à Rouen, et dont j'ai souvent recueilli les échos.

(1) Bouquet, *ibid.*, p. 212.

(2) « *Domini capitulantes concesserunt domino Jacobo Cochon quod posset apponi facere in muro ecclesiæ extrâ unum epitaphium prope loca in quibus fuerunt inhumati pater et mater et dominus Petrus Cochon frater ipsius in parrochiâ sancti Stephani.* »

On a raconté bien des fois, dans certains milieux populaires, que les constructeurs de l'ancienne *Cour des Comptes* à Rouen, située tout près de la cathédrale, avaient traduit leurs sentiments et ceux des Rouennais à l'égard de l'ancien évêque de Beauvais, juge de Jeanne d'Arc, en le représentant irrévérencieusement sous les traits les plus..... naturalistes qu'on puisse imaginer.

La vérité est qu'on pouvait voir, récemment encore, sur le mur d'un passage couvert de cet ancien hôtel, aujourd'hui démoli — dont les élégants arceaux retombaient sur des pieds sculptés (1), — deux sortes de consoles anciennes ou, plus exactement, deux *corbeaux* représentant des sujets grotesques.

Ces *corbeaux* avaient été visiblement rapportés à cet endroit.

L'un d'eux représentait un porc revêtu d'ornements socerdotaux et couché « sur un encensoir ».

C'est dans cette... fantaisie que plusieurs ont voulu voir une allusion au séjour de Pierre Cauchon à Rouen, soit comme évêque de Beauvais privé de son diocèse, soit comme évêque de Lisieux.

Je me hâte de dire que rien n'autorise l'interprétation que la malignité publique a donnée à cette capricieuse boutade des anciens sculpteurs ou *machons* rouennais.

Il ne faut voir, dit justement M. Georges Dubosc,

(1) Ce passage ou ancienne chapelle a été conservé dans la construction moderne édifiée par la Mutuelle-Vie, et on y a replacé le corbeau allégorique qui intrigue encore les touristes.

dans ce corbeau ou bas-relief si curieux, qu'un spécimen de ces œuvres satyriques dans lesquelles se com-
plaisaient nos artistes d'autrefois et dont fourmillent

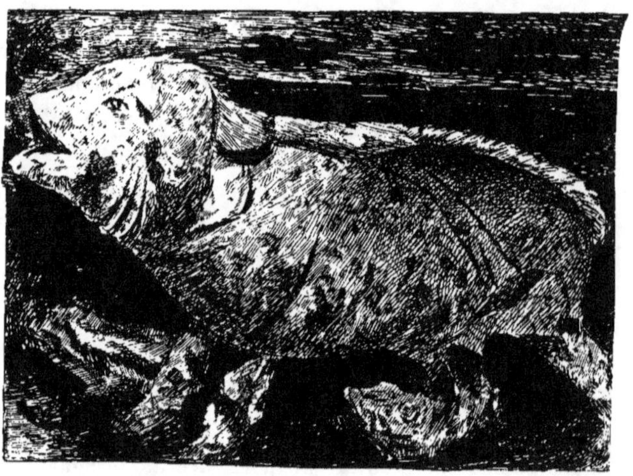

Console ou corbeau grotesque de l'ancien hôtel de la Cour des Comptes,
à Rouen.

tous les monuments du vieux Rouen et même notre
antique cathédrale (1).

Ou s'explique que des plaisants aient essayé, à une
certaine époque, d'établir un rapprochement entre le
juge de Jeanne d'Arc et ce... personnage allégorique.

La grossièreté de l'épigramme devait être facilement
goûtée du peuple qui fut toujours généreusement et
instinctivement hostile aux traîtres.

(1 Voir le *Supplément du Journal de Rouen* du 20 décembre 1866.

On aurait ajouté volontiers, sans doute, dans certaines classes plus élevées : *Si non e vero*, etc.

Peut-être même les rectifications des érudits n'au-
ront-elles pas raison du préjugé populaire que je signale.

Tant il est vrai que l'opinion publique se soucie peu
de l'exactitude historique dans l'énergique expression
du sentiment patriotique.

PIECES JUSTIFICATIVES

I

PIERRE CAUCHON DONNE QUITTANCE DE SES GAGES
POUR SES VOYAGES EN ANGLETERRE.

Nous Pierre évesque de Lisieux, conseiller du Roy nostre sire,
certiffions et affermons que par l'ordonnance de feu mons. le conte de
Warwick darrenierrement lieutenant general dudit seign^r et gouverneur de
ses royaume de France et duchié de Normandie, et de tres reverend
pere en Dieu mons^r larceuesque de Rouen chancellier de France et aussi
des gens du grand conseil dicellui seign^r estant a Rouen, fusmes ordonnez
daller auec autres dudit conseil ou royaume dangleterre par devers le roy
nostredit seig^r pour plusieurs matieres et besongnes touchant et regardant
le bien et honneur d'icellui seigneur et lutilite de ses royaume et duchie,
et aussi pour la poursuite de la paix et tranquilite des royaumes de
france et dangleterre, et pour ce faire partismes de la ville de Rouen le
septiesme jour doctobre lan mil cccc trente huit, et retournasmes en lad.
ville de Rouen le vingt^{me} jour de mars lan mil cccc trente neuf, lun et
lautre jour inclus: ouquel temps sont cinq cens trente ung jours entiers
(compte le moys de fevrier a cause de bixestil pour vingt neuf jours) par
tous lesquels jours auons vacque continuelment tant en alant seiournant
et retournant en executant charge a nous baillee tant en angleterre come
a Calais, a la convencion darrenierrement tenue en la marche dud. Calais pour
la matiere dicelle paix en la compaignie de tres reverend pere en dieu
messeigneurs le cardinal dangleterre larceuesque dyork le duc de Noffolk
et autres plusieurs grants et notables seigneurs du royaume dangleterre,
pour chacun desquels jours nous ont esté tauxés par le roy nostredit sire dix
liures tourn. oultre et pardessus nos gaiges et pensions que prenons dud.
Sg^r à cause de l'office et estat de conseiller lesquels v^cxxxj jours montent
au pris dessusdit à la some de cinq mil trois cens dix livres tourn. Et si a
este ordonne par led. seig^r que tout ce que nous fraierons et despen-

serons durant led. voyage pour cause de guides conduis passaige et repassaige de mer nous seront rendu et restitue des deniers de ses finances
en Normendie A laquelle occasion nous avons fraié et despendu, c'est
assavoir pour passer de Honnefleu en Angleterre ou il nous fallu
auoir une grant nef armée et bien équipée pour nostre seruice qui cousta
en principal deux cens soixante huit salus dont nous paiasmes pour
nostre part cinquante salus qui vallent en monnoye blanche ayant
cours en normendie lxxiij l. ij s. vj d. t., messire Jehan Pophan
xlvj salus. messire Jehan de Montgomery bailly de Caulx xlvj salus. et
maistre Jehan de Rinel secrétaire dicellui seigneur xxvj salus, et le Roy
nostredit Sgr en paia de ses finances de normendie que nous delivra
Pierre Baille receveur dicelles finances cent salus dor. et pour les frais
particuliers de charges et descharges chevaulx et barges, et nous mener et
ramener de terre es grans vaisseaulx, et desd. grans vesseaulx a terre en
quatre passages et repassages de mer que avons fait en alant et retournant de normendie en angleterre. et dangleterre a Calais. et de Calais retourner en angleterre. et dangleterre retourner en normendie, et pour une
portion de nos guides et conduis de gens darmes par terre en alant et
retournant par la normandie quatre vingt quatorze livres dix sept s.
tourn. Ainsi montent les choses dessus declarees a cause de nosd. voyages
passaiges et repassaiges de mer guides et conduis cinq mil quatre cens
soixante dix sept livres dix neuf sols six deniers tourn. Et nous avons
receu sur nosdits voyages passaige et repassage de mer par les mains du
seigneur de Cramwel tresorier dangleterre la some de cinq cens vingt
cinq nobles dor qui vallent a ladite monnoie blanche ayant cours en normendie quatorze cens quatre vings saize livres cinq solz tourn., come de
toute la recepte deux mil quatre vins saize livres cinq solz tourn. et la
despense monte cinq mil quatre cens soixante dix sept livres dix neuf solz
six deniers tournois. ainsi nous estoit deue par ledit seigneur la some de
trois mil trois cens quatre vins une livres quatorze sols six deniers tournois laquelle some nous confessons avoir eu et receue dudit receveur
general et dicelle some nous nous tenons pour contens et bien paiez et
en quictons le roy nostre dit sire ledit receveur et tous autres, et avec ce
certiffions et affermons en nostre conscience toutes les choses dessusdites
estre vrayes. Tesmoing nos signe manuel et seel de chambre cy mis le
xxe jour davril lan mil cccc quarante apres pasques. P. episcopus
lexoviensis. » — Cette quittance figure dans le ms. fr. no 20884, fo 39,
de la Bibliothèque nationale. On peut en consulter une semblable déli-

vrée par Jean de Rynel, neveu de Pierre Cauchon, le 26 avril 1440, dans le même manuscrit, f° 41.

II

DONATION DE PIERRE CAUCHON A SON ÉGLISE
SAINT-CANDE-LE-VIEUX, DE ROUEN.

A tous ceux qui ces présentes lettres verront. — Jean Gouel garde du seel des obligaćns de la Vicomté de Rouen. Salut. Côme deffunct prelat Evesque et Seigneur de bonne memoire Mons. Pierre Cauchon lorsquil vivoit Evesque de Lizieux de fervent désir et grande devocion qu'il avoit a léglise parrochial de Saint-Cande le Viel de Rouen en son exemption, en quel lieu sont quatre notables chanoines ayant la cure des ames des parroissiens du dit lieu et dont iceluy Mons. de Lizieux ses prédécesseurs et successeurs sont pères et patrons en l'honneur et reverence du Sainct-Sacrement de l'autel et de la très glorieuse Vierge Marie, et en l'accroissement du S^{ct} Service divin, de vivre en estat diceulx chanoines *a perpétuelle mémoire de lay et de son nom ayant piteux regard et consideraón du Salut de son âme*, eust en en son vivant volonté et ferme propos de fonder et ordonner en la dite église les heures canoniales comme vespres, matines, prime, tierce, midi, none, secondes vespres et complies estre dictes et celebrées par les dits quatre chanoines et le clerc dicelle eglise et leurs Successeurs, a notte en jour du S^{ct} Sacrement et par chacqun jour des octaves dicelle feste, a ce que les bons et devots catholiques pour le Salut de leurs ames peussent gaigner et acquerir les pardons que pour la révérence du d. S^{ct} Sacrement des thrésors de l'eglise, de lauthorité, du Sainct-Siège Apostolique, sont données et octroyées, et outre plus chacqun samedi de l'an en l'honneur de la dicte très glorieuse Vierge Marie, une messe haulte a diacre et soubzdiacre a sept heures du matin laquelle fondaón iceluy Seigneur et prelat lequel trespassa de ce Siècle en l'autre le dixhuictiesme jour de decembre Lan milquatre-cents quarante-deux n'a peû parfaire, quelle chose connoissant venerables et discrettes personnes Mre Jean Bidault, Nicole Caval, Jean de Gouvez, chanoines de Rouen, et Messire Nicole Bertin presbtre, chanoine de Lisieux, exécuteurs diceluy prelat deffunct, considérant son bon et louable propos non voulan feu tant qu'à eux pouvoit toucher iceluy

Seigneur et prélat estre fraudé ny deceu aucunement de son ardent et bon desir, mais comme vrays amis et loyaulx exécuteurs desirans iceluy estre fait maintenu et entretenu gardé et mené à fin et conclusion salutaire, et comme aussy que celuy deffunct prelat soit participant es messes, prieres oraisons et autres suffrages de la dite eglise pour la fondaõn et dotaõn des dites heures canoniales du Sct Sacrement et messe de Nostre-Dame chacqun Samedi de l'an, ont offert bailler et livrer réellement et de fait aux thrésoriers et parroissiens de la dite église, la somme de trois-cents livres tournois pour icelle somme employer et convertir en rentes et revenus au proffit du thrésor et fabrique de la dite église et appliquer à la fondaõn et amortissement des choses dessus dictes, requerant les d. executeurs aux dicts thresoriers et parrois que de ce voulsissent prendre le fait et charge, lesquels soyent sur ce demeurés daccord en la maniere qui en suit. Scavoir faisons que par devant Guillaulme Duval, clerc tabellion juré en la d. vicomté furent présents Raoulin Laurent, Thomas Ringuet, Colin Bourguery, thresoriers; Goret, Delaise, Jean de Bailleul, Jean Dupont faiseur de gallées, Jean Le Mesle, Jean De la Porte Pierre Legars, Jean Le Vaillant, Henry Le Gay, Guillaume Noel, Guillaume Chartier, Jean Hardi, Thomas Fromont, Pierre Tafforel, Robin Gueroult, Robin Duval, Mahault Le Breton, Guillot Le Roux, Robin de Grouchet le jeune, tous parroissiens de la parroisse Sct Cande-le-Vieil, lesquels pour eux et eux faisant fort, pour les autres dicelle parroisse de leur bonne volonte sans aucune contrainte, connurent et confessèrent avoir eu et receu des d. exécuteurs d'iceluy deffunlt *Seigneur et prélat de bonne mémoire* qui presentement fut baillé réellement et de fait par les mains du dit Me Jean de Gouviz en la presence du dit tabellion en la main des d. thrésoriers, la somme de trois-cents-livres tournois en monnaye courante a present, laquelle somme de trois cens livres iceux thrésoriers et parroissiens dessus nommez pour eux et les autres parroissiens et leurs successeurs se submintrent et obligerent mettre et employer en rente et revenu pour et en nom du d. thrésor et fabrique et convertir a faire et parfaire la noble et louable fondaõn et dotation entreprise et proposee, avoit en son vivant par dévotion et du feu Seigneur et prélat de la celebraõn et decantaõn des heures canonicales du Sct Sacrement et messes de Nostre-Dame a notte par chacqun samedy de Lan, et icelle fondaõn faire amortir et sur ce prendre impetrer et obtenir lettres Royaulx et de ce prendre le faict et charge a leurs causes et dépens, promettant de bonne foy iceux thresorier et parroissiens dessus nommés en

nom du thrésor et fabrique dicelle église, tant pour eux que pour leurs
successeurs, faire chanter et célébrer par les d. quatre et clerc de la d.
église par chacqun an a la d. feste du S^{et} Sacrement, et par les octaves
dicelle, les dites heures canonialles, et chacqun samedi de lan messe de
Nostre-Dame a notte a leurs propres causes et depens, ainsi et par la
manière que dit est, et oultre icelle fondaõn faire et procurer estre
amortie, cõme dit est, et diceluy amortissement et des acquisitions des
rentes et revenus quils feront pour icelle fondaõn, bailler le double aux
d. exécuteurs pour leur valloir en temps et lieu. A ce present vénérable
et discrette personne Mre Mathieu Le Nepveu, messire Jean Martel et
Jean Macieu pour eux et eux fesant fort de messire Thomas Martin tous
presbtres, curés et chanoines de la dite église St Cande-le-Vieil, promettant en especial le d. Macieu, tant en son nom que cõme procureur du
d. Messire Thomas, q. le d. Messire Thomas luy retourné du S^{et} Voyage
de Rome ou il est de présent, ratifiera et s'obligera avecq eux a ce qui
ensuit, toutefois que sommés et requis en sont, lesquels pour eux et en
nom que dessus et pour leurs successeurs se subminsrent obligèrent
doresnavant dire chanter et célébrer les d. heures canoniales, cõme
vespres, matines, prime, tierce, midi, none, secondes vespres et com-
plis a notte au dit du S^{et} Sacrement, et par chacqun jour des d.
octaves dicelle feste avecq la d. messe de N^{re} Dame par chacqun Samedy
a diacre et soubzdiacre ainsy et en la manière que dessus est dit.
et pour ce faire, les d. thrésoriers et paroissiens dessus nommés
pour eux et les autres pour leurs successeurs, se subminstrent doresnavant rendre et payer aux d. quatre chanoines cures dessus dits et leurs
successeurs chanoines et curés de la d. église la somme de douze livres
tournois par chacqun an aux termes de Pasques et S^{et} Michel par moitié
dont le premier payement commencera au terme de Pasque prochain
vivant et sy promisrent avecq ce iceux thrésoriers et paroissens dessus
nommés pour eux et les autres et leurs successeurs que le clerc de la
d. eglise qui est et sera pour le temps à venir, et dire chanter et célébrer les d. services et messes dont ils se firent fort et prindrent la
charge de le payer et contenter a leurs depens, et quant a ce faire tenir
entretenir accomplir ainsi et en la manière q. dessus est dit et à rendre
toutes causes dommages et despens qui par deffault de ce soyent faicts et
soustenus dont le porteur de ces lettres soit receu par son simple serment sans autre preuve faire les dicts thrésoriers et paroissiens dessus
nommés pour eux et les autres paroissiens dicelle parroisse et pour leurs

successeurs en obligerent le revenu du thrésor et fabrique et la meilleure bachins dicelle eglise de St Cande present et a venir, et les d. Mre Mathieu Le Nepveu, Messire Jean Macieu, et Messire Jean Martel pour eux et eux faites forts pour le d. Messire Thomas Martin, et pour leurs successeurs en obligerent en leur fait et regard les biens présentement à eux appartenants a cause de la dite eglise, le tout a estre prins instifées et arrestees ou que trouvees soient pour le doien du dit lieu de St Cande ou par quelque autre juge capable de la jurisdiction du dit lieu et se juroient toutes les dictes parties chacqun de foy au S^cte Evangile de Dieu a non jamais venir ne faire venir contre ce que dit est en aucune maniere, renonçant sur ce à toutes choses généralement quelconques par quoy venir y pourroient en tesmoing de ce, nous, a la relaõn du dit Tabellion avons mis a ces lettres le scel des dites obligaõns. Ce fut fait a Rouen. Lan de grace mil-quatre cents et cinquante le mercredi vingt troisme jour du mois de Septembre, présent messire Michel Le Marchand prebstre et Melin Ygous. — (Archives de la Seine-Inférieure G. 6337.)

TABLE DES MATIÈRES

CHAPITRE SIXIÈME

Rouen. — Imp. Léon Gy.